GUANGYIN DE GUSHI XILIE

光阴的故事系列

悠悠岁月

YOUYOU SUIYUE

谢刚生 著

暨南大學出版社
JINAN UNIVERSITY PRESS

中国·广州

图书在版编目（CIP）数据

悠悠岁月/谢刚生著．—广州：暨南大学出版社，2016.10
（光阴的故事系列）
ISBN 978－7－5668－1901－7

Ⅰ.①悠…　Ⅱ.①谢…　Ⅲ.①谢刚生—自传　Ⅳ.①K825.46

中国版本图书馆CIP数据核字（2016）第172032号

悠悠岁月
YOUYOU SUIYUE
著　者：谢刚生

出 版 人：徐义雄
责任编辑：苏彩桃　黄　斯
责任校对：李林达
责任印制：汤慧君　王雅琪

出版发行：暨南大学出版社（510630）
电　　话：总编室（8620）85221601
　　　　　营销部（8620）85225284　85228291　85228292（邮购）
传　　真：（8620）85221583（办公室）　85223774（营销部）
网　　址：http://www.jnupress.com　http://press.jnu.edu.cn
排　　版：广州市天河星辰文化发展部照排中心
印　　刷：深圳市新联美术印刷有限公司
开　　本：787mm×960mm　1/16
印　　张：15
字　　数：270千
版　　次：2016年10月第1版
印　　次：2016年10月第1次
定　　价：78.00元

目　录

上编　人生历程

下编　旅游日记

国外游

国内游

上编

人生历程

我的故乡

我的故乡在福建省永定县的一个偏僻山区，叫磜头村（今属永定县下洋镇管辖）。

磜头村位于闽粤两省的交界处，翻过一座山，便是广东省的大埔县。这里群山环绕，山谷里流淌着一条小溪。几十户人家就住在这狭长的山谷小溪旁。当时流传着这样一句话，形象地描绘了这个村子的地形："嫁到磜头好地方，一出门楼三条岗。"这是一个山清水秀、鸟语花香，充分展现田园风光的美丽乡村。

那时的山上长着茂密的树林和竹林，郁郁葱葱，像是一片绿色的海洋。寂静的清晨，丛林中飘来阵阵布谷鸟的叫声，非常动听悦耳。在我们屋后山上的树丛中，春季里还长着多种稀有蘑菇（以红菇为主，其次是莲子菇、鸡肉菇等）。小时候每到蘑菇生长的季节，天刚蒙蒙亮，我便和村民们一道上山采蘑菇，一发现蘑菇，那高兴劲就甭提了。儿时采摘蘑菇的情景，在以后的几十年里，我还不时会梦到，可见留下的印象之深。孩子们也常到竹林里抓竹虫玩，或者去挖掘刚破土的竹笋，其乐无穷。

那时的小溪，虽然平均只有四五米宽，但水量充沛，源源不断，有的地方有一米多深，可以游泳。溪水清澈见底，鱼儿在水中游来游去。我曾和小伙伴们到溪中石缝里抓鱼，有时还帮人在溪中用石头垒起小小的拦坝，中间放置一个有入口的长圆形竹笼，让夜间逆流而上的鱼进入竹笼里，第二天天亮去收回竹笼，常常会有喜人的收获。偶尔也有村人在夜间点着火把用铁叉叉鱼。有位邻居有一张小鱼网，常在午饭前到小溪去撒几次网，这样午饭就可美餐一顿，令我们煞是羡慕。

那时村里小路的两旁，野花丛生，蝴蝶和蜜蜂在花丛中飞来飞去，枝头还有随手可摘到的野生果子，在稍高处的灌木林中，时常会有小鸟伴随着唧唧声飞来迎接你。

村人住的都是自己动手建造的土楼，这种土楼是用木桩把三合土一层一层地夯实而建成的，冬暖夏凉。土楼中间是天井，天井上下边的厅堂是合住的几户人家用膳的地方。每幢土楼的门前，一般都有一块不大的门坪，割禾季节铺上竹席用来晾晒谷物（放暑假时我们会帮母亲翻晒稻谷），平时是老人休闲、小孩嬉戏之地。而在夏季夜间，大人和小孩往往会聚集在这里乘凉、闲聊，孩子们还会望着夜光中如群星闪烁的萤火虫唱起儿歌。当月亮高挂在天空中时，孩子们更会高声朗诵起：

月光光，秀才郎；骑白马，过莲塘；莲塘背，种韭菜。韭菜未开花，摘来送公爹；公爹未起（床），摘来送阿姊；阿姊未梳头，摘来喂黄牛；黄牛跌落溪，水牛来拔尾；牛子跌落井，牛妈来救命；牛子救出井，大家笑半命。[①]

然而，这诗情画意般的秀丽风光，并没有使村人摆脱贫困。村子小，人口虽不多，但耕地也很少，且多是梯田，更重要的是这本来不多的耕地，在旧社会还有不少是属于邻村地主的所谓“祖尝田”。每逢收获季节，他们的子孙便会成群结队、耀武扬威地前来收租，对稻谷的质量百般挑剔，租种的人家还得忍气吞声地请这些收租者大吃大喝一顿。村民交租之后所剩无几，生活自然也十分困难。因此，村里几乎每户人家都有人被迫漂洋过海到南洋（主要是马来西亚）去谋生。我父亲四兄弟就有三个去了马来西亚。而留下的人披星戴月，一年到头，不得温饱。因此有的村人上山砍柴或砍竹做些日用品，挑到邻近的下洋镇、中川乡去卖，以此帮补生活。

1949 年新中国成立后，进行了土地改革，实现了耕者有其田，村人的生活有了较大的改善。但 1958 年的“大跃进”运动，使这里的生态环境受到很大的破坏，原本郁郁葱葱的树林、竹林被砍伐一空，山不清水不秀了，水流也小了，更难听到鸟语、闻到花香了，粮食的产量不高，发展副业的路子又被阻断，村人的生活仍处于贫困之中。1978 年以来，党中央大力拨乱反正，坚持实行改革开放的方针政策，这个村子的山又渐渐绿起来了，水也渐渐清起来了，又修了进村的小公路，村人的生活渐渐好起来了。

---

① 这是客家民谣，要用客家话来朗诵才能押韵。

我的亲人

我的父亲原名谢豪朝，后来还使用过两个名字——谢汉琴、谢海涛。他出生于一个主要靠打铁为生的贫困家庭（先祖父以上五代主要是外出到广东省丰顺县沙田圩一村庄打铁，当地尚有曾祖父辈坟墓，1939年春节期间，我曾随同父亲和伯父等前往祭扫）。

由于家贫，我父亲断断续续只念过不到三年的书，打过铁、烧过炭、耕过田、做过泥水匠。他因有些天资，又勤奋好学，为乡亲所赏识，资助其前往马来西亚谋生。在马来西亚，父亲当过矿工，做过学徒。一次，因与恃强凌弱的日本人发生争执，父亲有理反被抓去坐牢。他深感国弱受欺，加上爱看进步报刊，受到孙中山资产阶级民主革命思想的影响，遂于1917年左右，毅然回国投入孙中山领导的民主革命。他所在的部队属于粤军，曾任副官、团附等职，在闽粤一带与北洋军阀孙传芳部打过仗（当地群众称为“南北兵”交战），负过伤。大概是1923年进军永定时，他曾做过约一个月的代理县长（当时战事处于拉锯状态，任职时间不可能很长）。后来，他作为国民革命军的成员，参加北伐战争。攻克武汉后，他在国共合作的武汉国民政府任过“永绥”等舰的舰长、沪汉运输局主任等职。1927年蒋介石、汪精卫相继叛变革命时，在武汉的永定同乡、共产党人卢肇西等曾相邀参加武装斗争，他因有家小拖累，未能应邀，从此转往江西九江经商，主要销售永定的特产条丝烟（供吸水烟筒者专用）。1938年，日寇侵临九江时，他宁愿抛弃财产逃难回乡，也不愿当亡国奴。回到家乡后，他向亲友借贷，奔波于永定、大埔一带，做些小本生意，勉强维生。1944年，他与友人合股在当时的大埔县城（茶阳）开设经营永定烟叶、土纸的“致中和”店，1947年还在汕头开设类似分店“致昌行”，直到解放后才歇业。

由于我父亲在异国深感国弱受欺，“九一八”事变又进一步激发了他抗日救国的热情。他有两件事在我幼小的心灵里留下深刻的印象，这两件事都发生在我父亲在九江经商时。一件是对还是孩童的我们兄弟进行抗日救国的思想教育。那时我才三四岁，耀崇哥六七岁，身穿儿童军服，腰扎儿童武装带，臂挂写有“抗日救国”的袖标，雄赳赳、气昂昂地由父亲领着我们到一家照相馆拍下了一张充满爱国激情打扮的照片，途中曾遇到日本水兵，父亲领着我们呼喊“打倒日本帝国主义”的口号。另一件是为了抗日救国，他曾扶持邻村同姓的两位有为青年报考空军学校和陆军学校，并为他们取名为“中柱”和“中枢”，希望他们能成为抗日救国的栋梁之材。后来，谢中柱在学习飞行时失事，壮志未酬身先死；谢中枢 1943 年（时任中校副团长）在湖南常德指挥部队与日寇英勇作战时，壮烈牺牲。

祖父

我父亲在政治上向来较开明，他痛恨国民党政府的腐败无能，同情、支持共产党领导的革命，多年来一直是共产党的朋友。1939 年父亲参与了永定县私立侨育中学（以下简称“侨中”）的创办，是该校的常务校董。侨中创办后，中共闽西南特委把它当作一个据点，先后派遣钟骞（又名郑坚，后任中共闽西南特委副书记）、邱秉经（又名邱长庆，20 世纪 70 年代任广东省科学院副院长）等人到侨中担任领导，并负责侨中地下党组织的工作。我父亲一直和他们保持着较密切的关系。1940 年春，国民党反动派以侨中是“赤色干部学校”为由，悍然下令查封侨中。在此关键时刻，父亲和其他校董一同为侨中的生存和发展做了不少工作。当时侨中地下党负责人邱秉经、丁立明、胡以按等在 1981 年写的《抗日战争时期的侨育中学》一文，就提到我父亲等侨中校董“对侨中作出一定贡献”。解放战争时期，他曾资助中共领导的游击队，对我们兄弟参加革命也给予积极支持。大埔解放初期，军管会副主任卓禹轮曾在一次大会上表扬过父亲对革命事业作出的贡献。

父亲

1949 年夏，国民党胡琏兵团南窜途经大埔时，有坏人向敌密告父亲支持共产党，敌人要抓父亲，幸亏党组织已先通知父亲逃离。敌人未能抓到人，便要放火烧毁“致中和”店铺，后被左右邻舍以会殃及他们店铺为由所劝阻。

我父亲虽然只上过三年学，但他酷爱读书看报，关心国家大事，因而有较渊博的知识。他还能写一手好字，文章诗词也写得不错，被誉为自学成才的“儒商”。

令人遗憾的是，1952年土地改革时期，在“左”的思想影响下，地方有关部门竟因我父亲参加过孙中山领导的资产阶级民主革命，将我父亲当作“历史反革命”来看待，被判管制2年，“致中和”店铺也被当作“官僚资本财产”而被没收，成分则被划定为“工商业兼地主”（“工商业”与“官僚资本”是性质不同的概念，当时却无人加以区分，至于定为“兼地主”也是缺乏事实与政策依据的）。20世纪60年代初期，党和政府鉴于父亲在回国后长期在永定、大埔一带的华侨中有一定影响，曾请他做争取侨汇的工作，并出任永定县侨联委员，他为此尽了自己的努力。他还以特邀代表的身份出席过中共龙岩地委统战部召开的有关会议。然而，在“文化大革命”时期，他不断地遭到批斗，在1974年被迫害致死。党的十一届三中全会以来，在重新恢复了马克思主义实事求是路线方针的指引下，全国大量冤假错案得以纠正，我父亲也在1985年得到了彻底的平反昭雪（1953年的错误判决被撤销，“致中和”店铺归还家属，我父亲的成分也由“工商业兼地主”改为“华侨工商业”）。

我母亲叫黄阿带，出身贫困，目不识丁，也没听说她有兄弟姐妹，很可能是个孤儿。她性格内向，平时话很少，一生大部分时间在家乡农村辛勤耕作，是我们家的主要劳动力。记得我们从九江逃难回乡后的头一两年，家里主要靠种地为生，母亲起早贪黑地干活，有点支撑不住，希望耀中哥能在农村找个老婆帮她分担一些劳务，孝顺母亲的耀中哥只得违心地遵从母命。

母亲为人纯朴厚道，安分守己，从不惹是生非、与人争吵，和乡亲、邻居相处甚是融洽。对生活、对儿女的未来，从不抱奢望。记得我八岁的时候，有一次裁缝师傅进村来为村人做衣服，她对裁缝职业很羡慕，深情地对我说：“以后你长大了，能做个裁缝师傅是最好不过的了，因为干这种活可以避开风吹雨淋日晒，没有耕田种地那么辛苦。”这就是她对我的教育和期望。

母亲

母亲一生任劳任怨，勤俭持家，既关爱儿女，又不溺爱儿女。记得在九江时，有一年我们兄弟在离家较远的一所小学上学，早出晚归，午饭则由母亲在家做好，日复一日、风雨无阻地步行送到学校，好让我们能在午间多休息一会。还记得我十岁的时候，在邻村侨育中学寄宿上学。那时学生每人备有草编的饭袋，自己把米放在饭袋里交给学校厨房用大锅煮熟，而菜则要自己做

（有时是自己买一些晒干的萝卜丝，在厨房架起两块砖石，捡些柴禾煲来吃）。一次菜吃完了，我一个人走回家里，想让母亲为我做点咸菜带到学校吃，不巧母亲在较远处干活，我只好自己动手炒咸菜。当我盛满一汤匙猪油正要放进锅里时，母亲干活回来看见了，有点责备地说："用这么多猪油来炒菜呀！"（那时炒一次咸菜，我一般要吃五六天，用一汤匙猪油已是很少的了）。但当我要返回学校时，母亲撂下农活，怜爱地送我走过一段荒无人烟的山路后自己才回家。

1950 年至 1960 年，母亲到耀中哥家带孙子、孙女并帮忙做家务。耀中哥病逝后，她被那时还是单身的耀崇哥接去同住并帮忙做家务，直至 1964 年全国开展"四清"运动，被有关部门勒令回家乡劳动，1971 年病逝于家乡。

总之，母亲的一生是勤劳的一生（年届古稀，她还能挑一担水），是朴实无华、默默地为家庭奉献的一生。她养育了我。然而，这养育之恩，由于种种原因，我却没有尽到回报的责任。至于我父亲对我的养育之恩，我也同样没能回报，这成为我的终身遗憾。

我在家里最小，有三个哥哥和两个姐姐。

大哥谢耀萱，在我出生后便去世了，大概只活了十几岁。

二哥谢耀中，汕头聿怀中学毕业后考入上海法学院，"八一三"事变后转学到武汉大学就读。他积极投身于抗日救亡运动，是学运领导人之一。一次同国民党军警发生冲突，他被刺伤了手。当时在武汉，有不少青年学生投奔延安，他函告父亲，拟往延安到敌后打游击。当时九江正面临日寇入侵，父亲因还需留下处理经商业务，不能带我们立即逃难回乡，于是就做耀中哥的工作，要他先护送我们逃难回乡。回到家乡后，他曾受聘为下洋犹兴小学的代理校长。由于他为学校订的唯一报纸便是中共在武汉出版的《新华日报》，又积极投入抗日救亡运动，被疑为"赤色分子"。他还在村里自费办起了夜校，亲自为乡亲们授课。1939 年，他转学到迁徙于韶关坪石的中山大学就读，之后又随中大迁至云南，读至毕业。在即将毕业时，他接受器重他的一位教授的劝告，为能找到工作而加入了国民党，并由该教授推荐给曾任中大校长的朱家骅，经朱安排在国民党中央组织部主办的《组织旬刊》当编辑。其后还到西安范汉杰部做事。抗战胜利后，曾任南京国民政府教育部长朱家骅的秘书。1946 年，他参加教育部组织的美洲华侨教育考察团去了美国。考察结束后，他留在美国华盛顿大学攻读硕士。1947 年夏，我和耀崇哥在汕头被国民党当局以"政治嫌疑犯"的名义拘捕入狱，他回国参加营救我们的工作。我们出狱后，他先在汕头南华学院，后到厦门大学任代教授。厦门解放后，他被派到华东革命大学学习，学习结束后调至福建师范学院任教，直至 1960

我与母亲和耀崇哥（右一）

年病逝。耀中哥对母亲极为孝顺，记得我们从九江逃难回到家乡时，他看到母亲到溪边挑水便抢着接过扁担水桶挑回家。他对我们兄弟也很关怀，如他在昆明就读中大时，曾托我一表兄捎回给我和耀崇哥每人一双皮鞋；他去美国时，把其自用的相机托人捎回给我，又特地买了一支 Evershap 钢笔给我；从美国回到汕头时，他给父母和我以及姐姐买了不少衣服和布料。

后排左一为耀中哥，左二为慧文嫂，左三为耀崇哥。前排左一为耀中哥之女琳琳，左二为母亲，左三为耀中哥之子仁超

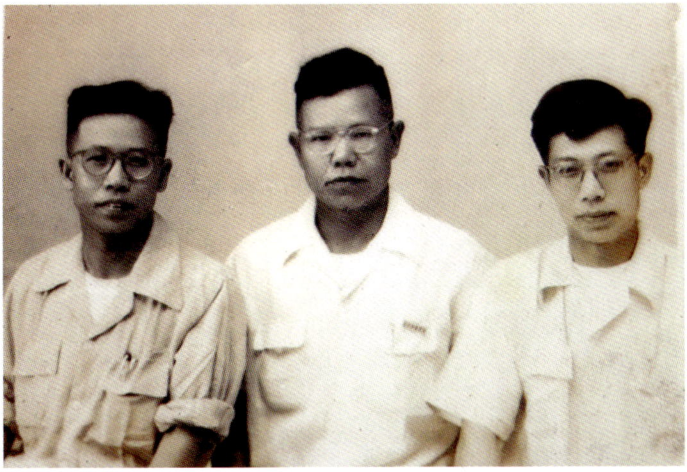

三兄弟，左一为耀崇哥，中间为耀中哥，右一为我

三哥谢耀崇（参加革命后改名为谢方生，我参加革命后也仿之改名为谢刚生），1945 年大埔中学毕业后考入时在龙川的国民大学，1946 年春转到广州中山大学就读，曾是该校中共地下党学运领导小组成员之一，是 1947 年 5 月 31 日中山大学在广州举行的“反内战、反迫害、反饥饿”示威游行的副总指挥（生前写有 30 万字的《南国海燕——解放战争时期中山大学学生运动纪实》的文稿，后由他当年的老战友整理、校订，2007 年 5 月印刷出版）。1947 年 9 月，他在汕头被拘捕后转到国民党广州行辕关押，于 1948 年 2 月保释出狱。随即奉地下党组织指示，转移到香港一渔岛小学任教至 1948 年夏，又被派往闽粤赣边区打游击。解放后，曾任龙岩军管会秘书科长。其后屡经坎坷，于 1956 年调福州，先后在福建省科委、福建省司法厅工作，最后的职务是福建省法学会秘书长。1988 年离休，2006 年 5 月病逝。

秀英姐一家

大姐谢秀英，出生后不久便送给人家当童养媳，但幼小的尚未完

婚的“丈夫”没过几年便病逝了，她留在婆家生活、劳动，直到1937年冬我们从九江逃难回家，她才回到娘家居住。1938年，经媒人介绍，嫁给邻村当时在缅甸经商的丈夫。大姐出嫁时的情景，至今我仍清楚地记得：那天，母亲和我陪着她步行约三里路到达她婆家，没有花轿，没有陪嫁，也没有什么婚礼，婆家托了几个亲友来迎接我们，吃了一顿饭，留下秀英姐，母亲和我又回到了礤头。此情此景，令人酸楚。后有南洋水客来，把秀英姐带到缅甸与丈夫完婚，从此当起家庭主妇，约在2003年前后病逝于缅甸。

二姐谢兰英，也是出生后不久便送给人家当童养媳，约在1946年嫁到大埔恋墩，长期在乡下务农。1985年父亲的冤假错案得到彻底平反昭雪后，收回了“致中和”店铺，她和姐夫于数年后迁到该店铺居住至今。

兰英姐一家

我的妻子茅英琪，上海人，毕业于上海外国语学院，我们相识于1956年10月。当时我在山东潍坊军委总后勤部第一预备学校工作，到上海去采购图书，同事潘钖芝的妻子吴静娴在上海外国语学院学习，经由她介绍，我认识了其同学茅英琪，由此开始了我和英琪的恋爱，并迅速于1957年1月在山东潍坊军委总后勤部第一预校完婚。妻子毕业后分配到上海陆行中学任教。1962年春调至黑龙江八一农垦大学外语教研组工作。1980年随我南调至广州，分配到华南师范大学图书馆工作直至退休，2006年病逝。

我和英琪的结婚照

我的大女儿谢东，生于1959年，原工作单位暨南大学网络与教育技术中心，从事撰稿、编导、配音工作。

我的二女儿谢珉，生于1962年，1987年与女婿魏青赴瑞士苏黎世大学攻读博士。毕业后，谢珉留校，从事试管婴儿的科研工作，魏青则在瑞士联合银行（UBS）从事计算机工作。

我的三女儿谢青，生于1972年，现在在中共广东省委党校（广东行政学院）从事英语教学工作，并在职攻读博士。

2001年全家福

我的童年时代

1929 年 8 月 31 日，我出生在江西省九江市，那时我父亲在九江经营小本生意，母亲操持家务。出生后，我曾有个小名叫火生，因为我八字中五行欠土，而火生土，乃叫火生。

1937 年，我在九江一间教会小学——翘材小学读一年级。这所学校给我留下的印象不深，只依稀记得当时参加学校庆祝圣诞节活动的一些情景。翌年，我转学到离家较远的同文小学读二年级。我在班里被老师视为最乖的学生，班主任特地把一位很调皮的同学安排和我同桌，希望我能对他有一些好的影响。也可能因为我显得很乖，就被有的同学视为软弱可欺。一次，我在学校走廊看学校告示。突然，一位比我高年级的但我并不认识的同学，莫名其妙地打了我一个耳光便跑掉了。尽管我很气愤，却也没有向老师报告。

九江是当时国民政府要员到庐山避暑的必经之地。他们一般是从南京乘军舰到九江上岸，再乘汽车到庐山。我曾在九江码头附近店铺楼上窗户看到过他们上岸乘车的情景，其中有时任国民政府主席的林森和任国民党正副总裁的蒋介石、汪精卫等。

1937 年“七七事变”爆发，全国掀起了抗日救亡运动的高潮。在九江，时不时可看到爱国进步青年组织的歌咏队、演剧队在街头唱抗日歌曲、演抗日戏剧。《义勇军进行曲》成为当时最流行的歌曲，一唱起此歌便有热血沸腾的感觉。还有话剧《放下你的鞭子》《三江好》等，都在我幼小的心灵中留下深刻的印象。“八一三”事变后，九江也受到日寇空袭的威胁。我和耀崇哥在母亲的陪护下，转移到九江郊区——庐山脚下的十里铺小学上学。同年年底，日寇铁蹄进逼九江，父亲要当时在武汉大学就读的耀中哥护送我们逃难回乡，而他则仍留在九江处理商务结束事宜。

我们逃难回乡的路线是从九江乘火车到南昌，然后在南昌雇了一条小木船沿赣江南下，途经吉安、赣州到筠门岭，再步行、搭车、乘船到梅县松口、大埔茶阳，最后回到永定县磜头村，历时约一个月。还记得小木船驰离南昌时，看到几架苏联援助的单翼飞机在赣江上空飞翔，我们都为之振奋而欢呼。

到家乡后，为了生存，母亲便承担起已有些生疏的繁重农活，起早贪黑地忙个不停，非常辛苦。我则在村子里一所私塾性质的初级小学（光华小学）上学。小学一共只有二十几个学生，还分几个年级，我读的四年级就我一个学生。只有一个老师，要教几个年级的全部课程，确实难为他了。

在村里小学读了一年，1939 年春，我便到离家十里的下洋镇颇有名气的犹兴小学读五年级，并寄宿在学校，吃饭则包给学校旁边的一间餐馆。犹兴小学是下洋地区的一所高级小学，师资力量较雄厚，教学水平也较高。当时从大埔来的教师饶高认、宋木庭是中共地下党员。他们除教好课外，还带领我们进行抗日宣传活动，如组织街头歌咏队，在入夜之后领着我们充满激情地演唱抗日歌曲，有时还演出抗日话剧，很受当地群众欢迎。有位从厦门流亡来的老师，在上课时曾向我们展示一本名为“日寇暴行录”的画报，至今还在我脑海里留下深刻的印象。下洋墟还有温泉，傍晚时候我们常会去那里泡温泉，既能沐浴，又可解乏。

在犹兴小学，我受到了一年良好的教育，学习成绩在班里名列前茅。可是，当我要继续读六年级时，学校却被县里以进行“赤化教育”为由强行解散了。1940 年春，位于中川村（胡文虎的家乡，离磜头五里地）刚创办的侨育中学（简称“侨中”）举行第二届招生考试，我因犹兴小学被解散无法继续读六年级，只好硬着头皮去报考。考数学时，一位亲戚帮我作弊，使我得以考上，成为该校年纪最小的一位学生（不满 11 岁），但也由此对我以后的学习带来了很大的负面影响。由于我是跳级报读初中，而数学是最讲循序渐进的学科，基础没有打好，一步没跟上，步步跟不上，致使我在整个中学六年期间，只有初二上学期的代数课是凭真功夫考了 67 分，其余五年中的数学考试，不是不及格，就是靠作弊或死记硬背才勉强过关。到报考大学时，我也因为要考数学只能望而却步。

当时的侨育中学是中共闽西南特委的一个重要据点，实际上履行校长职务的教导主任郑坚（原名种骞，是原特委《前驱报》社长）经常给我们做饱含爱国深情的时事报告，还常在课余时间到同学中谈心，深入浅出地向我们灌输爱国、民主、自由的理念，深受同学的爱戴。但遗憾的是在我入学后的第三个月，他便被迫撤离侨育中学。他离开学校那天，我们全体师生把他一直送到离校约有五里远的梨子岭岗处，他坚持让我们留步，并向我们发表了充满激情、慰勉有加的告别演说。他演说的最后一句话是：“同学们！我祝愿你们健康地成长起来！”此时，我们都一个个哭成了泪人儿，边泣边唱着特为送别郑先生而创作的歌曲：“再见吧，郑先生！再见在革命的旗帜下，再见在自由的国土里……”并一直目送他离开我们的视线，才依依不舍地慢慢走回学校。这悲天恸地、刻骨铭心的送别情景，至今仍深深地刻在我脑海里。而郑先生在离开侨中前连夜写了题为“叙别”的诗，对侨中师生给予殷切的期望。诗曰：“相聚无几话别离，叙别岗上风凄凄，莫忘家国恨，能寄长相思！天涯有芳草，踏过遍野铁蒺藜！”这首诗随即被谱成曲，在我们师生中传唱。

郑坚走后，中共地下党员邱长庆、郭建章（又名陈明，20世纪80年代初任广东物价局副局长）、余素华等继续在侨中坚持工作，把侨中办得生机勃勃、充满活力。老师们经常教我们唱革命歌曲，讲革命故事（如苏联小说《第四十一个》），还带我们到群众中去办识字班。

我在侨中只读了一个学期，便因病在家乡休养了一年。在这一年养病期间，我不时会翻阅耀中哥留下的图书杂志，图书多是生活书店出版的时政类书籍，杂志有《世界知识》、《抗战》三日刊、《大众生活》等。这些书刊都属于进步读物，我得以从中增长知识，吸取精神营养。这期间，我父亲有时也会住在乡下家里，有两件事给我的印象较深：一件是时任侨中代校长的邱长庆曾多次来找我父亲促膝长谈（实际是做统战工作）；另一件是一次有十几个国民党兵突然闯入村子耀武扬威，吓得村人逃离，鸡飞狗跳，我父亲怒斥这帮国民党兵的扰民行为。一位当官的竟然掏出驳壳枪，扬言要枪毙我父亲。我父亲拍着胸膛说：“岂有此理！你敢！”那当官的只得把我父亲带回其上司处询问，随即便又放我父亲回家了。

我在犹兴小学读书时的下洋，又称下洋圩（集市），农历逢五逢十为圩日，邻村的乡亲大都会来赶圩（赶集），或出售自己的农副产品，或购买自己所需的物品，使圩日的下洋熙熙攘攘，非常热闹。下洋的小吃，以当地特有烹调方法做成的牛肉兜汤最有名，我至今对它仍很怀念。

在家乡居住的三年多时间里（在下洋、中川上学时，寒暑假也是住在家乡），家乡过年期间一些习俗给我留下很深的印象。一是蒸年糕：家家户户都要蒸，年糕由糯米粉渗上红糖制成，厚约12公分，要蒸二十多个小时才能熟透，然后切成一块块，配上一只鸡腿作送礼用，实际上是互相交换，有时自己送出去的，最后又回到自己手里。二是过年守夜：除夕夜，我会和母亲一起守夜到年初一凌晨，放鞭炮，吃夜宵，然后再去睡觉。三是祭墓：年初五，一般都要去拜祭祖墓，祖宗留下的祖业田由其后代轮流耕种，收获所得作为祭品，祭完墓把祭品三牲按男丁均分。四是送花灯：元宵那天，村人把做好的花灯点上蜡烛串满一竹竿，逐楼送去，挂在上厅堂（灯的谐声是“丁”，寓意添男丁）。该楼的主人把做好的食品——腌腊肉、米酒、年糕等，摆放在桌上，供送灯者食用，充满了欢乐的气氛。五是赛锣鼓：邻村之间比谁的锣鼓敲打的时间长和花样多。此外，我还目睹了家乡“相亲”的习俗：一次，父亲的一位邻村朋友领着一个小伙子来相亲，相亲的对象是我的一位堂姐。村里有一条小路通往小溪，这个小伙子被安排在小路旁边的一所房子里，站在窗边可以看到对面十几米的地方。堂姐的母亲事先得到通知，叫堂姐走过这条小路到溪边去洗菜，好让小伙子看个究竟。小伙子看后感到满意，就定下亲了。而我堂姐只是之后才知道有这么回事，完全处于被动的地位。

在大埔中学就读的五年

1941 年秋，我转学至邻省广东的大埔中学（简称“埔中”）读初一下学期。大埔中学是一所有悠久历史的中学（国民党元老邹鲁、国民党将领罗卓英、吴奇伟曾任教或就读于该中学），时称“大埔最高学府”，闽西南地区也有一些学生慕名来此求学。

刚到埔中，适逢县里举办由六所中学（初中部）参加的国语演讲比赛，每所中学派三名代表参加。我是埔中初一级代表，初二级代表是张姜基，初三级代表是我耀崇哥（他曾在上一届全县中学国语演讲比赛中荣获第一名）。学校指派苏德鸿老师专责指导我们，帮我们纠正发音，提示演讲时语调的抑扬顿挫和手的动作等，并要背熟事先草拟好的 18 篇演讲稿。在比赛前夕，学校让我们在作为大礼堂的大成殿向全校同学试讲。试讲时，我因个子矮、讲台高，同学们看不到我的身影，于是临时搬了张凳子，让我站在凳子上演讲，再加上我演讲时手势动作较大，不时引起台下同学阵阵善意的笑声。遗憾的是在正式比赛时，可能是我们抽的演讲题目正好是我们不熟悉的，临场发挥欠佳，我们三人都名落孙山。1943 年我读初三，被选为班级代表参加学校举行的初中部国语演讲比赛，这次我得了第一名。记得周雪聪老师（当时他还兼任大埔县《民国日报》编辑）还在县《民国日报》第二版头条发了我获得埔中国语演讲比赛第一名的消息，并亲自书写了“果然夺得锦标归”的条幅送给我。

在大埔中学初中阶段，尚有几件事可以写一写。

一是读初一时，学校里学生流行买本纪念册，让老师和同学题词以资留念。当时，我也有一本纪念册，记得曾请语文老师黄念劬题词，他写的是“耀武世界，威震全球”，我为此题词而颇得意。

二是读初二时，一天晚上，舍监把住在南舍的全体同学集合在该舍楼顶训话，并叫一位犯了些小错误的同学跪下。我当时抱不平，叫那位同学站起来，舍监便以我顶撞老师为由，把我带到校长饶沙鸥处，要求关我禁闭。但校长把我训斥一顿后，没同意关我禁闭，还是让我回宿舍睡觉。这是我在读书期间唯一一次为抱不平而顶撞老师。

三是教我们国文课的唐遂初老师，讲课极富感情。一次，讲诸葛亮的《前出师表》，讲前他说了一段话：“读诸葛亮的《前出师表》不哭者不忠，读李密的《陈情表》不哭者不孝……”① 接着他便开始讲课文，边讲边哭，声泪俱下，好生感人。他讲王维的《渭城曲》（《阳关三叠》），诗中蕴含的依依惜别的深厚感情，通过他抑扬顿挫、声情并茂的吟诵，深深地感染了我们。

四是初中毕业前夕，学校组织我们毕业班到大埔县其他五所中学参观访问。大家背着简单的行装，徒步前往，依次是三河中学、大麻中学、高坡中学（花园式校园）、虎山公学和百侯中学。留下印象较深的是后两所中学。虎山公学在湖寮，因有时任广东省政府主席罗卓英等的资助支持，校舍的雄伟为全县各中学之冠，还配备不少较现代化的长短枪供学生军训用。我们参观该校时，该校教官还用崭新的德国造驳壳枪打了几枪，演示给我们看。

我们还拜访了正好回湖寮老家暂住时任广东省政府秘书长的丘誉。他热情地接待了我们，还向我们展示了他精心收藏的颇为珍贵的古今中外邮票，使我们大开眼界，也激起了我对集邮的兴趣。记得在此后的一两年，在一位对集邮有研究的高年级同学的帮助、指引下，我居然也搜集到一二十个国家的几百张邮票。其中还有一些较为珍贵的纪念邮票，特别是我还收藏到若干枚大清帝国的龙图邮票和民国初年的邮票。遗憾的是这种集邮兴趣仅仅维持了一两年，之后便淡忘了，甚至连收藏到的邮票丢弃到什么地方去了也不知道，真是太可惜了。

百侯中学在我印象中是办学有方、要求严格的一所学校，学生很守纪律，教学井然有序。他们为我们的到访开了欢迎会，我代表我们班在会上致辞。

五是约在 1944 年一架援华的美军飞机被日机击落，飞行员跳伞逃生，被山区民众救起，护送到大埔。县政府邀请美军飞行员来埔中向师生做报告，由英文老师姚君东做翻译，受到师生们的热烈欢迎。

六是 1945 年春，国民政府征召青年军，提出“一寸山河一寸血，十万青年十万军”口号。国府编练总监罗卓英将军特地从陪都重庆拍电报给埔中校长，号召母校师生从军抗日。师生们受到鼓舞，踊跃报名，体能检测合格后有 52 名学生参加青年军，投入抗日战场。

1945 年春，我在埔中读高二时，学校来了一对夫妻教师，男的叫廖晨光，女的叫周丽文。廖老师教我们国文、历史。他讲课有个特点，即每次讲课总是要问有什么问题没有。学生可以向他提出任何问题，而他则尽可能做到有问必答，这种教风在当时确实令我们耳目一新。记得那时我爱向他提出一些

---

① 当代学者赵与时曾说：“读诸葛亮《出师表》而不流泪者，其人必不忠；读李密《陈情表》而不流泪者，其人必不孝。”

有关时事政治和文史方面的问题，他的博学多才和敢于针砭时弊的回答，使我很受启迪，获益良多。周老师则是位多才多艺的老师，不仅教国文、音乐，还教地理、美术，并写得一手好字，讲起课来慢条斯理，细声细气，很有潇湘淑女的风范（她是湖南长沙人）。

我与廖晨光老师（前）

这学期五月间，廖老师、周老师和我们三个学生共同出了一期壁报，壁报的刊名是廖老师起的，叫《星星之火》。他还写了只有两句话的刊前语："我们希望星星之火可以燎原，我们希望在写读生活中求进步。"我在廖老师的指导下，为壁报写了《旧金山会议侧记》（旧金山会议是 1944 年 4 至 6 月在美国旧金山召开的制定联合国宪章的会议）。我们找了一块旧黑板，把壁报贴在黑板上，周老师对版头做了精心的设计，四周用松树皮镶边，刊头的制作很醒目，所有稿件都是周老师誊写的，她还为我那篇稿件配上了亲手绘画的参加旧金山会议的中、苏、美、英代表团团长的肖像（宋子文、莫洛托夫、斯退丁纽斯、艾登），可谓图文并茂。壁报就挂在大成殿靠图书馆的那面墙上。由于该壁报从内容到形式都颇为新颖别致，吸引了不少师生前来观看。2004 年，时任大埔中共地下党的负责人张克昌告诉我，他当时奉中共闽粤赣边区特派员李碧山的指示和廖老师联系时，廖老师还特地向他汇报了这次出壁报的情况，由此也可看出廖老师对此期壁报的重视。

这个学期，我代表班级参加了学校举行的国语演讲比赛，演讲稿也是在廖老师指导下写的，主题是要很好地实行孙中山的新三民主义。廖老师还指导我读了郭沫若的《甲申三百年祭》等进步图书。有一次，在大埔中学就读的永定籍同学在学校聚会，邀请了县长罗博平到会。我上台发言，说有些民意机关是挂羊头卖狗肉。台下的廖老师对我的发言不时点头赞许，使我越讲越来劲。我发言后就离开了会场。据说，罗博平县长后来针对我的发言，告诫学生应埋头读书，不要过问政治。总之，这学期在廖老师的指引下，我在政治思想上有了较为明显的进步。

1945年夏，埔中取消了我们这个春季班，这样我们就得停学半年，到1946年春才能和高二秋季班合并上课。1945年8月15日日本宣布无条件投降。当时，父亲与人合股经营的“致中和”店有一批永定烟叶要运到广州销售，我便以押运烟叶的名义踏上了广州之旅。烟叶是雇佣木船载运的，全靠人力作动力，或撑竿或划船，船速很慢。航线是沿梅江而上，途经梅县、兴宁，到五华的岐岭卸货，再改雇独木轮车翻山越岭到龙川的老隆，再装上木船沿东江而下，途经河源、博罗、惠州到广州。由于沿江风景很好，又有同伴闲聊，还可以不时上岸看看，日子过得并不寂寞。那时的梅县、老隆是战时粤东后方的交通枢纽和货物集散中心，还有援华的美国空军人员驻扎，显得相当繁华热闹。沿东江而下时，不时可看到缴械投降的日军船艇在江中运送物资，两岸则有分散的投降日军集结等待遣返。船到广州，上岸后首先映入眼帘的，便是刚从缅甸班师回国受降的新一军士兵在街头站岗放哨，他们全副美式装备，很是威武。我在广州只住了几天，便又乘小火轮沿东江而上到老隆，再转汽车到梅县。在梅县住了两天，主要是到开明书店购买巴金的小说《家》《春》《秋》《雾》《雨》《电》等，那时我是个“巴金迷”。我还买了自学数理化的书，准备回家用停学半年的时间好好看一看。

在此后的几个月，我主要住在乡下磜头，尽情享受美丽宁静的田园风光；如痴如醉地读着巴金的小说，而买回的数理化书籍却不能吸引我，被搁置在一旁。一次，我去埔中看望廖老师、周老师后返回磜头，途中发起高烧，实在走不动了，正好附近有个比较疏远的亲戚，就由他帮我请了两个能抬轿子的农民，把我抬回磜头。记得我在当天的日记中对此事颇自责，因为巴金“激流三部曲”中的进步青年觉慧就拒绝坐轿子，认为坐轿子是把自己的安逸建筑在轿夫的痛苦之上，而觉慧是我当时学习的榜样。

1946年春，我回到埔中续读高二（转到秋季班）。开学前夕，原该班同学江瑞清正要转学到梅县东山中学就读。由于他和廖、周老师的关系也较密切，又是永定同乡，曾和我在父亲店里一同住了几天。我们在一起阅读了廖老师给我们看的一些很难看到的文件，有毛泽东的《论联合政府》，揭露当局镇压学生运动的《昆明一二·一惨案真相》等（廖老师让我代为保管这些文件）。我们曾商量买一台油印机送给地下党组织，还一起学唱《国际歌》，歌词极大地激励着我们向往革命。

这个学期，我和廖老师经常在一起讨论时政，关心着国家的前途和命运。学期快结束时，廖老师突遭蜘蛛尿浸入眼睛，大埔无法医治，只能提前离开埔中到香港去治疗（是否也与地下党组织通知他撤走有关，我不清楚）。我送他去乘到汕头的小火轮时，他对我说：“以后会有人送文件给你看，你知道有这么回事就行了。”果然，不久就有人悄悄给我送来由中共闽粤赣中心县委主编油印的《曙光报》。

这学期还有几件事可以写一写。

一是结交了两位朋友——唐鑫和何范端。他们俩和我一样都是走读生，每天结伴去上学，因此成为很要好的同学。他们的学习成绩都很好，1947 年一同考上了中山大学。唐鑫后来成为第七届全国人大代表，何范端则因受家庭成分不好的影响，中大毕业后去了香港，长期过着近似隐居的生活。

二是一次我在课堂上没有专心听讲，在看叶圣陶的小说《倪焕之》，被国文老师饶强生发现，当即遭到他声色俱厉的训斥，弄得我很尴尬。

三是考数学时，我根本就不懂，监考又很严，无法作弊，立即上交试卷又怕影响不好，左思右想之后，便在试卷上写了一大段自己为什么学不好数学和对数学没有兴趣的理由。没想到试卷发回来时，数学老师李志显居然给了我 25 分，并在试卷上写了一段情词恳切、慰勉有加的话，使我十分感动又非常愧疚。

四是学期结束后，学校寄来的成绩通知单上写着“该生思想过激，勒令退学”。我父亲去找校长饶涤生询问，饶校长说“让你儿子退学是为了使他少和那些人（暗指中共地下党员）接触，不然的话要出事的”。似乎他是出于好心才让我退学的。

转学汕头岩光中学

我既然已被勒令退学，就不能在大埔中学待下去了，只好在暑假期间设法报读其他学校。

在汕头岩光中学

先是已就读于梅县东山中学的江瑞清希望我能报读东中，并盛情邀请我到东中去看了看。那时的东中在梅县地区早已很有名望。可是，听说转学考试很严格，而我的数学基础那么差，肯定考不进，只好打退堂鼓。这时，我在南京工作的耀中哥得悉我被埔中退学一事，便来信要我到汕头聿怀中学去就读，并附上他给聿怀老校长陈泽霖的信，让我持信去见陈校长，请其给予关照（耀中哥早年毕业于聿怀中学，陈校长对其很器重）。于是，我立即从大埔沿韩江而下到了汕头。我先找了时任《汕报》主编的张问强（永定同乡，和我父亲、耀中哥都很熟悉，之前他在家乡被国民党当局以“异党分子”罪名拘捕押送梅县途径大埔时，我曾陪父亲去看望过他。1946 年底他去了香港，先在《星岛日报》任主笔，后在《文汇报》任主编），请他带我去拜访陈泽霖老校长。陈校长热情地接待了我们，当时他因年事已高刚辞去校长职务，乃执笔给继任校长卓效良写了一封信，让我去找卓校长，卓校长见信后，要我过几天来参加转学考试。

事情很凑巧，当我从聿怀中学走出来后，竟然碰到了原大埔中学的同学饶芳漪，他当时正在岩光中学就读，知悉我的情况后，非常热情地向我介绍了岩光中学的环境，并承诺一定设法帮我考入岩光中学。这样，1946 年 9 月，我便进了岩光中学读高三。

礐光中学是美国教会办的一间中学，校址在汕头礐石（“礐”字的意思是“山多大石”），与汕头市区隔海相望，有渡轮相通。这里背山面海，怪石嶙峋，山秀泉清，鸟语花香，垒石成楼，凿山成道，风光秀丽，环境幽静，英法等国的领事馆和一些洋行也选址于此。难怪曾经受聘于礐光中学任教的著名作家萧乾会把追忆礐光生活的长篇小说命名为《梦之谷》。

在汕头礐光中学

礐光中学的师资水平比较高，师德学识都为学生所称道。教我们国文的孙留生老师在汕头甚有名望，时已年近花甲。他曾对我的一篇作文给了高分，并张贴在学校公告栏供大家阅读。作文的内容是抗议当时英国领事馆欲独占靠领事馆的轮渡码头，不让一般市民使用。孙老师把这篇作文贴堂，应是借此表达他伸张正义的爱国激情。教我们物理的老师很注重教学实践，曾带领我们步行到庵埠参观自来水厂，还带领我们到汕头《星华日报》参观收听新闻电讯的电台，使我们获得不少知识。教我们英文的汲露绮老师和孙安美老师（美籍）都毕业于美国名牌大学。我不是一名很用功的学生，汲老师为了激励我，有一次在我的英文作文上写了这样的批语：“You could speak and write English very well. If you would use more time，I hope you will in the future.”历经数十年，我至今仍记得这段批语。遗憾的是我没能听从老师的教

1948 年与同学的弟弟在汕头海边

诲，多用些时间来学好英文，因而也就未能实现老师对我的期望。

在岩光的一年，我结识了一位很要好的同学张文宏，他品学兼优，为人热情正直。我们经常在一起阅读进步书报，学唱进步歌曲，议论国家大事。1947 年春夏之交，国统区学生的爱国民主运动风起云涌，我们曾把报道这些消息的上海《文汇报》张贴到教室给同学们观看。我们还在一起商量过，既然由我代表班级参加学校举行的国语演讲比赛，就不能放弃这个机会，把演讲的内容确定为反对美国援助蒋介石发动全面内战。我们也经常在一起享受岩石美丽的自然风光，晚间到海边吹海风，听涛声，远眺对岸市区的星星灯火，真是心旷神怡，令人陶醉。有时，我们还会到原为海轮提供淡水后来废弃不用的大水池里尽情地游泳，其乐无穷。

那时在岩光中学有些客家籍学生，我仿效中山大学的做法，也在岩光组织了“中原同学会”，并进行联欢活动。

我在岩光时租住的是民居，居室只有我一人，一次我点着煤油灯躺在床上看书睡着了，直到蚊帐燃烧的熊熊烈火烤醒了我。很奇怪，当时我一点也不惊慌，更没有喊叫，而是立即端起睡前洗脸没倒掉的一脸盆水，“哗”的一声就把火浇灭了。到现在我也不明白，当时我为何能那么沉着冷静，轻而易举地把一场可能酿成火灾的大火扑灭了。

我至今仍留恋在岩光一年的学习生活，那秀丽的风光、宁静的环境、老师的教诲、同学的情谊，都深深地铭记在我脑海中，成了我心中的“梦之谷”。

1948 年在汕头，身上穿的是大哥从美国带回来的美军军便服

“铁窗生活”40天

从岩光中学毕业后，我曾报名投考在汕头设有考场的厦门大学。事情偏偏很不巧，第一场考试的科目竟是数学，如前所述，我的数学实际上只有小学五年级的水平，如果去考必定交白卷，即使后几科考试还过得去，录取也是无望。我站在考场门口犹豫再三，最后只得望场兴叹，垂头丧气地离开考场，考大学之梦也就从此破灭了。

当时正值暑假，在广州中山大学就读的耀崇哥回到汕头度假（当时父亲在汕头与人合股开了一间经营永定土产包装用纸的商行），正好有一位永定同乡——抗战期间曾任福建省建阳地区专员的曾建平拟往新加坡路经汕头，也住在父亲店里。

1947 年 9 月 8 日晚 9 时左右，我正在店中五楼顶临时隔的小居室（外面是厨房）看香港新华社的电讯稿（在汕头《星华日报》工作的同村人胡善照给我看的）。突然，一楼的堂弟拉起装在楼梯厨房的摇铃绳并喊叫：“有人来了！”我立即把电讯稿塞到炉灶膛内，下到三楼曾建平睡的房间（原为父亲来汕时的居室），只见多名国民党便衣警察正在搜查曾建平的行李（曾已在当晚永定同乡为其举办的宴会上被拘捕）。有个便衣在搜查书架时发现了一份在泰国出版的进步报纸《民主报》（是我从星华日报社取来的），看了看，说“这是攻击政府的”，便拿走了。便衣搜查完后，逐一核实在店人员的身份，我和耀崇哥因在学校上学，店中无我们的户口，他们便把我俩以“政治嫌疑犯”的名义带往汕头市警察局看守所关押起来。曾建平被捕，源于汕头警察局接到广东省保安司令部密电，谓曾与不久前发生的国民党将领范汉杰之母在大埔家乡被绑架有关。其实，范母被绑架与曾毫无关系，是有人为泄私愤诬告他（曾在土地革命时期参加过中共，脱党后在国民党政府任职，还算是个两袖清风的清官）。我们兄弟俩被关在一间不到十平方米的牢房，已有六七个“犯人”被关在此。牢房的一角设置了一个粪桶，供大家大小便用。每个人只有一个睡位，除此没有丝毫活动空间（曾建平关押在另一处，情况可能好一些）。这回我是切实体会到了“当失去自由的时候，方知自由的可贵”这句话的千真万确了。

在关押期间，我被提审过一次。那是一个晚上，已经过了10点，我们已经睡了。突然，一个便衣警察来到牢房把我叫出去。一出牢门，他便用美国制造的手铐铐住了我的双手。我不满地说了句“不要这样”，他立即举起手枪欲往我头上敲打，我头一偏躲了过去，没敢再出声，默默地被他带到了四楼审问室。审问台上已坐着一位官员，而旁边几张床上有几个便衣在躺着睡觉。在审问官要问我话的时候，我先对他说：“你们这里那么多人，还怕我逃跑吗？能不能把我的手铐解开？”审问官当即示意押我的那个便衣为我解开手铐。审问的内容主要涉及我和曾建平的关系、我在岩光中学读书的情况等。审问官的语气一直较平和，没有什么威胁、吼叫。审问完后，他把笔录交给我看，并让我签字。我发现该笔录对我说的可能有漏洞之处都尽量做了弥补。审问官的上述表现，让我感到其至少是个比较正直的人，或者是个思想进步、倾向革命的人，这大大出乎我的意料。因为刚关押进来时，同牢房的“难友”曾向我们谈起审问时受到电刑的情况。我为此还天真地设想了一个对策——审问官一旦要对我施以电刑，我就说“不要用刑了，历史上不是有很多屈打成招的事例吗？既然这样，你们说我是什么就是什么好了”。

提审这一次以后，就没有再提审了。之后大概他们也到我和哥哥的学校调查过，哥哥在中山大学是学运领导小组成员之一，国民党广州行辕的黑名单上早就有他的名字，他的案子随即也就转到广州行辕去办了。而他们并未查出我在岩光中学有什么太过激的活动。这样，我在被关押40天后，于10月18日由几间店铺保释出来了，而曾建平和我哥哥则被转押至广州行辕。在此之前，我父亲已在广州进行营救工作。耀中哥也从美国赶回来参加营救。经多方努力，他们终于在1948年2月获得保释。耀崇哥随即被地下党派往香港一所渔岛小学任教，后又派往粤东游击区，曾建平则去了新加坡《星洲日报》工作，1950年新中国成立后回国任永定县侨育中学校长。

我们在汕头被关押期间，耀崇哥的同学、中大地下党领导人之一的何锡全（后在中联部任局长），在暑假结束返穗途经汕头时，得悉耀崇哥被捕，曾特地到牢房看望他。1962年，我在北京见到何锡全时，他回忆说那时确实是冒着生命危险去探监，是革命情谊驱使他这样做，也是基于对我哥哥的信任才这样做的。

沪、港、穗、黔、渝、厦之旅

1948 年 1 月初，父亲在汕头的店铺要有人到上海把烟叶出售后的现款带回来（当时汇兑不方便），我想趁此机会到上海观光并看望同学，得到了父亲同意。正好此时，汕头有一临时航班飞沪，机票很容易就买到了，这是我第一次乘飞机（航机是运输机改装的，设备较简陋），有些好奇，那时也没有什么对号入座，而是由自己任选座位。登机时，我有意排在最前面，就是为了找个紧挨驾驶舱的座位，以便可以看到机师是如何驾驶飞机的。从汕头到上海飞行了约四个小时，途中遇到暴风雨，飞机颠簸得很厉害，一些人在呕吐，还有些人显得有点惊慌，我则若无其事（我大概是机中最年轻的一位乘客）。

飞机在雨中平安降落在龙华机场。到沪后，我住在与父亲的店有生意联系的一位永定同乡开的小店里（位于南京东路一小巷里）。期间我曾到附近有名的上海茂昌眼镜公司配了一副近视加散光的眼镜，镜片是德国制造的。更多的时间是和就读暨南大学（简称“暨大”）的同学张文宏在一起。他带我参观了复旦、圣约翰、沪江、光华等大学，还领我同他一起去听暨大商学院一位老师讲课。

1948 年与张文宏在上海

1948 年 1 月与张文宏在上海暨南大学第一院

1 月 17 日下午，得悉上海各大学将化零为整在外滩英国领事馆前集会，抗议英帝国主义在香港九龙对我港九同胞犯下的暴行，同时声讨美帝国主义助蒋打内战的罪行，张文宏特地带我去了外滩。我们到达时，英领事馆已被学生密密麻麻地包围起来。学生们高喊“打倒美英帝国主义”等口号，在英领事馆和白渡桥用柏油涂写反美反英的标语，外滩一些银行也被学生用柏油涂写上“民脂民膏”等字句。不一会，当局开来数辆“飞行堡垒”（装甲车）欲进行镇压，同学们对他们高喊“中国人不打中国人”等口号。面对学生高昂的爱国激情，这些军警只好抱着旁观的态度，不敢有什么动作。临近黄昏时，英领事馆降下了米字旗，学生们遂撤离英领馆，各自整队游行回校。我们在游行队伍中巧遇当时在大夏大学就读的岂光同学张明颐，便加入到他们的游行队伍，在外滩走了一段，途中遇到几个美国水兵，在同学们一片“打倒美帝国主义”的口号声中急忙狼狈地溜走了。这天，我们在现场拍了不少照片，遗憾的是未能保存下来。

在沪业务办理完后要返汕时，船票、机票都买不到。沪店同乡通过一位熟人把我直接带到浦东码头一艘要开往汕头的招商局客货轮上。我在下舱楼梯口的一个角落找了个地方坐着，孤孤单单、可怜兮兮地等候开船。岂知“吉人自有天相”，船要起航时，凑巧碰上原大埔中学同学曾道平，他买到了一张头等舱的船票。这样，托他之福，我挤进了他的头等舱，和他一起度过了三天较为舒适的海上航行旅程，回到了汕头。航行途中曾遇八级以上风浪，餐厅里只有两个人来吃饭，其中一个便是我。

1948 年 3 月，汕头店要有人到广州、贵州等地押运烟叶，我又想借此机会去旅游观光，再次得到了父亲的同意。那时，从汕头到广州一般要经过香港。于是，我便搭乘英国太古轮船公司的客货轮到香港。轮船抵达维多利亚港时，并未停靠码头，而是由接驳船来接客上岸。我两手提着行李正在下船，有一个扒手从我裤子后面的口袋里掏走了我若干张关金券（当时国民党政府发行的钞票），小偷的动静惊动了我，我当即要他把钱还给我，他抵赖说没偷。双方僵持不下，其同伙过来了。我眼睁睁地看着他把偷来的钱递给了同伙，但他此时却“理直气壮”地掏出口袋给我看，口口声声叫嚣：“我没拿，你看我的口袋都是空的!”周围的旅客都急着下船，根本无人理会。我无奈地看着扒手扬长而去，成为最后一个下船的旅客。这是我平生第一次被小偷光顾。有了这次教训，从此我再不敢把钱放在裤子后面的口袋里了。

我在香港只住了一夜，第二天便乘九广直达火车到了广州，住在永定同乡经营烟叶生意的店里。该店有专人在云南昆明、贵州贵定采购烟叶来穗。出售给广州的卷烟厂（抗战期间，昆明、贵定引进美国烟叶种子种植，使两

1948 年 1 月在上海外滩

1948 年 1 月我到上海虹口公园凭吊鲁迅墓。图中 4 人分别为许广萍、周海婴、茅盾、罗果夫（苏联驻沪总领事）

地的烟叶质量驰名国内）。

从3月到7月，我都在广州闲住，等待业务的开展。在此期间，我曾到石牌中山大学同乡处住过几天，并去听过许崇清教授讲课，也曾与石榴岗广东文理学院的原岩光同学相聚一两日。时在广东音乐专科学校就读的岩光同学范大材还约请我去欣赏著名小提琴家马思聪的表演（马夫人王慕理钢琴伴奏）。我平时则在店内看看书报，或者去看电影，印象较深的影片有《飘》《八千里路云和月》《一江春水向东流》等。在看《一江春水向东流》时，银幕上出现素芬饱含泪水独自哭诉的镜头，不少女观众也随之号啕大哭，电影院内的哭泣声长达数分钟之久，可见该影片感人至深。

8月，店老板告诉我，可以去贵定押运烟叶回广州了。我们遂起程前往。到达贵定，恰好遇见原在大埔中学教我们音乐的卢禹昌老师（永定同乡）在此地做烟叶经纪人，我于是住进他店里。当时，卢老师有亲戚在重庆经营烟叶生意，来信说重庆烟叶行情看好，建议他先把烟叶押运到重庆出售，然后再回贵定买烟叶运往广州。我因为有意到抗战时期的陪都旅行观光，故也采纳了他的建议。这样，我便和卢老师弟弟卢学昌各押运了一车烟叶去重庆。我们沿途走马观花似的浏览了贵阳、息烽、遵义等地，目睹了娄山关和七十二拐的地势险要。那时，汽车爬既陡又长的坡会不时熄火，司机的助手要立即跳下车用三角木挡住车轮往下滑，而下坡时的急拐弯也很惊险，颇有点过“鬼门关”的味道。

到达重庆后，我们住在位于七星岗的卢老师亲戚处。那时正值盛夏，重庆又历来有“火炉”之称，坐在房间里不动都汗如雨下。在等候烟叶出售的半个多月里，我有时会到附近山坡上的罗斯福图书馆阅读报刊，这里树木葱郁，环境幽静。有时我还会到电影院看电影。一次在放映中途，突然亮起灯，中止放映，原来是国民党宪兵来检查有没有伤兵不买票闯进来看电影，双方差点火拼起来。这种情况，当时在其他城市电影院里，我也遇到过几次，因当局对伤兵的待遇很差，他们无钱买票，只得看“霸王戏”“霸王电影”。

烟叶出售后，我又回到贵定，仍住在卢老师店里。在等待买烟叶押回广州的近一个月时间里，我几乎每天都是和卢老师在一起。这时，他的店实际成了在此地经营烟叶生意的永定同乡的“俱乐部”，大家凑钱购置了一些乐器，由卢老师组织、辅导，开展文娱活动。他教我拉过小提琴，只因我无此天赋又缺乏耐心而没能学会。他还陪我学骑马，我平生第一次骑马奔驰，很好奇。更值得一提的是，他领我到凯里（时为炉山县的一个镇，现为黔东南苗族侗族自治州首府）去采访苗族风情习俗。这次采访还出了点问题，就是我被该镇镇长“客气”地招待了一夜。

事情经过是这样的：白天我为赶集的苗胞拍照时，他们已经派了自卫队大队长来监视我（照片冲印出来后我才发现的）。晚上，我们在旅店刚睡下不久，镇长就派自卫队大队长把我“请”了去。我向镇长出示了汕头《星华日报》的记者证（因为那时我没有办“国民身份证”，于是找时任《星华日报》主编的同乡罗选才办了个记者证，当身份证用），并告诉他我是来采访苗胞风情的，他立即“热情”地为我介绍了当地苗胞的一些习俗，交谈约半小时，我便以要休息为由告辞回到了旅店。谁知刚躺下一会儿，自卫队大队长带了两名士兵又来了，说镇长还有些事情要和我谈，让我把相机带上立即前往。这一次，我预感着又要有麻烦了，和卢老师说了声“看来情况不妙”。果然，到了镇政府，他们把我领到楼上的镇长办公室兼临时卧室，随即如临大敌似的在门口和楼梯处布置岗哨看管我。等了一会儿，不见镇长来，我问为什么镇长还不来和我谈，大队长说镇长正在楼下召开保甲长紧急会议，我立即不顾岗哨的阻拦冲到楼下找镇长。一见镇长我便怒不可遏地指责他侵犯记者的人身自由。我这突如其来的行动使得他有些发懵了，连忙向我解释说，他在我离开镇政府后即向县长打电话汇报了我的情况，县长指示他，在此“戡乱”时期，为防范异党分子活动，他们需要进一步调查我的真实身份，只好委屈我在此待一两天了。我一听愈发着急，因为按预定计划，第二天我就要返回贵定。我要他立即打电话给县长说清楚情况，接电话的是县长秘书，说县长回家睡觉了，只好等县长明天上班后再作请示。于是，镇长便让我睡在他的办公室兼临时卧室，他自己则回家睡觉去了。第二天，镇长一早就来了，请我吃麻辣火锅。由于不知事态会如何发展，我一夜基本未睡，毫无食欲，但我故作镇静，硬是吃了两碗饭。上班时间到了，镇长便打电话向县长请示汇报，我在旁边提示他讲些什么。最后，县长说如果当地有人能证明我的身份，便可让我走，镇长便派人到旅店找来卢老师，卢老师又去找了他认识的一位在当地有些名望的人士来证明，事情才算了结。镇长送我走时，对我说了句：“对不起，谢先生，让你委屈了一夜”，我则语意双关地回了句：“镇长先生，谢谢你那么客气地招待了我一夜。”我和卢老师怕有变故，一出镇政府大门，便急忙雇了一只小木船沿清水江回到贵定。

10 月，我把已购好的烟叶交付托运，免去了亲自押运之苦。随后我从贵定到了柳州，住了几天，等候购买机票飞往广州。12 月初，烟叶运到了广州，我的“押运”任务完成，遂由广州乘火车到香港，再由香港乘轮船回汕头。这次在香港多停留了几天，曾到利舞台电影院看过一次电影。当时港英当局规定，在电影放映前，要先播放唱英国国歌的片子，大家要站起来听，真是岂有此理！我还到位于皇后大道的三联书店买过书和该店出版的颇为精制的

“生活日记”。皇后大道虽然很整洁，却显得有点冷清。在干诺道码头登上由港到汕的轮船时，一个印度工作人员要求打开行李检查，提出对我携带的一些药品和食品打税，我说这是“Christmas gifts”（圣诞礼物），他便放行了。轮船到达汕头码头时，英籍海关人员（那时汕头海关的税务司似乎还是英国人）也要求打开行李检查，见有些英文书刊，便问：“Vacation?”（“放假了?”）我答曰：“Yes, Vacation.”他随即把箱盖上，说：“pass!”（“通过!”）看来我这几句英语还真管用，省却了海关检查的不少麻烦。

1949 年 1 月初，原埔中同学江瑞清自港抵汕（他在香港达德学院——一所中共华南分局办的干部学校——学习完后被派遣回闽西南游击区，途经汕头），约我到他住的旅店一谈。他告诉我他准备回家乡永定动员、组织一批群众参加游击队，邀我和他一道前往。因我当时有到北方解放区继续上学的想法而没有答允。他回到永定家乡后，果然动员、组织了一百多名群众参加游击队，6 月份他就被任命为闽粤赣边纵队第八支队第二十三团的政委。

不久，我接到时在厦门大学任教的耀中哥的来信，邀我到厦门一游，并拜见尚未谋面的嫂子。我在厦门住了一周，在兄嫂的陪同下，不仅游览了依山傍海、环境幽美的厦大校园，还游览了美丽的鼓浪屿，特别是登上了日光岩，居高临下，整个厦门的绮丽风光一览无余，尽收眼底。

从组织读书会到参加革命武装

由厦门回到汕头后，我约在家闲居的一些礐光的同学（也有几个非礐光的同学），搞了个名为“求真”的读书会。我从可能是当时地下党开设的华声书店买来一些进步书刊（该店主要出售从香港进口的进步书刊），供大家阅读讨论。当时有个别同学受国民党反动派对共产党造谣诬蔑宣传的影响，对全国即将解放的大好革命形势有疑虑，我做了些消除这些疑虑的工作。在组织读书会期间，我还特地到耀崇哥所在的革命游击队（当时驻扎在大埔北部的青溪一带）生活了几天，把在游击区的所见所闻向会员做了报告，增强了大家对共产党的信任和对革命胜利的信心。

1949 年 5 月在大埔茶阳县城渡头岗阵地，背负雨伞者是我

有一天，会员李苳香跑来告诉我，说李庆安（比我们低一级的礐光同学）找她谈了一些情况，称我是共产党，去年到重庆是负有使命去的，他奉命对

我“有闻必录”。由此，我怀疑他参加了国民党的特务组织，正在跟踪监视我。于是，我和会员张文宏、李莲香等商量，决定立即离开汕头，投奔我不久前去过的革命游击队。临行前，我们买了些常用的药品带去。随后，我们从汕头乘小火轮沿韩江而上到大埔（茶阳），在我父亲店里住了一两天，正好遇到在耀崇哥所在游击队担任交通联络任务的谢绍基（是我的同村人）来茶阳，就由他带领我们前往埔北的坪沙（该游击队当时的驻扎地），正式成为中国人民解放军闽粤赣边纵队粤东支队独立第六大队（简称独六大队）的游击战士。

我们初到游击队，接受分配做宣传工作，在汀江边书写革命标语。

不久，我们独六大队接到上级命令，要我们配合兄弟部队解放大埔县城茶阳。那天凌晨，我们从驻地行军到城北渡头岗的前沿阵地埋伏，等候主攻部队发出攻打信号，但等到天快亮了都没有动静。部队领导分析，可能情况有变化，遂决定立即撤退返回原地待命。第二天，我们又接到上级命令，要求在翌日（5 月 14 日）黎明前赶到上次的阵地。是日，天刚蒙蒙亮时，对面山头的主攻部队打响了攻城第一枪，我们随即向渡头岗敌炮楼发起了攻击，同时呼喊“缴枪不杀”等口号。这是我平生第一次参加战斗，既兴奋又紧张。长枪班战士步步进逼，用排枪近距离向敌人的土炮楼射击，打得炮楼的泥土刷刷地掉下来。此时，守敌叫我们不要开枪了，他们愿意缴械投降。攻下炮楼后，短枪班战士立即冲进城内，也未遇抵抗，在县公安局和银行缴获了若干支短枪后，又返回阵地汇报情况。大队长巫少平、政委张克昌决定留部分战士守住攻下的炮楼，其余人员分组进城扫荡残敌，并设法与主攻部队取得联系。

我和张克昌政委及其通讯员一组（这时张政委换了一支刚缴获的德国造二十响驳壳枪，便把他原来佩戴的日本造“遮嘴”手枪，又称“盒子炮”，给了我）向仙基桥一带进发，遇到敌县府派来的官员来洽谈投降事宜。此时，位于金山顶的敌炮楼尚未放下武器，致使主攻部队未能进城。张政委对我说，先到你父亲店里，和大伙会合后再说。于是，我们便来到我父亲店里，让我父亲给县长饶邦泰打电话，要他命令金山顶炮楼的敌人放下武器。饶答应照办，并希望我们部队冲到县府门前朝天开一阵枪，以便他们好向上级有个交代——他们不是不战而降。这样，我们分头进城搜索的各小组重新集合在一起向县府进发，到达县府门前时，大家朝天开了几枪便冲进了县府。只见院内地上摆放了不少枪支，而敌官兵早已作鸟兽散。我们进到县长办公室，一位官员手持县府大印正等着要交给我们领导。不一会儿，主攻部队也来到了县府，由他们负责接管，我们独六大队撤出县府回到渡头岗警戒待命。这是闽粤赣边纵队第一次攻克一座县城，意义重大。

与闽粤赣边纵队粤东支队独立第六大队队长巫少平等在埔北石市韩江河边

过了几天，我们独六大队奉命到永定县峰市受降（留第二连驻守渡头岗炮楼），曾召开群众大会庆祝峰市解放，领导让我代表部队在会上讲话。我在峰市待了约十天，大队长巫少平叫我到驻守渡头岗的第二连做代指导员的工作（当时我不是党员，实际上是做宣传教育工作，因该连无政工人员）。没过几天，大埔县军管会主任黄维礼召见连长张飘萍和我，通知我们独六大队和另一部队合编为大埔县独立团，并要我们连队立即随独立团的刘副政委前往高陂镇驻防。初次和刘副政委接触，我感到他有些居高临下，盛气凌人，喜欢摆官架子，给我留下不太好的印象，这大概为以后弄得很僵的上下级关系埋下了一颗种子。不久又接到命令，为配合边纵攻打丰顺县的腳隍，命大埔县独立团封锁上游的潭江，以阻止潭江之敌支援腳隍。双方交战数日，腳隍未克，我们也撤出潭江，回到高陂整训，部队番号也改为边纵第一支队第七团。

7 月初，国民党胡琏兵团从淮海战场败退，南逃窜扰闽粤赣边区，我们团分成两路分别进入埔北和埔南地区开展游击战，我随团长巫少平进驻埔北，并曾离开团部单独活动过一段时间。当时团政治处副主任赵全把他佩戴的勃朗宁手枪给我用（我原先佩戴的手枪已上交），这一行为着实让我既感动又感激。我和连长张飘萍曾想奇袭峰市之敌，缴几支我们很想得到的卡宾枪，后因感到太冒险而作罢。在埔北时，我们部队接待了被敌人冲散的边纵第八支队政治部主任卢叻，我和他曾交谈过多次。

8 月初，我们部队主要负责在外围警戒，保卫已转移到埔北大塘背的中共华南分局和边区党委机关。在边纵护送华南分局书记方方北上赣州与南下大军会师的过程中，我们部队在华南分局从青溪西渡汀江时担任警戒任务，我有幸在青溪见到了边纵司令员刘永生。

9 月，部队在埔南整编，我被调往另一连队任文化教员，跟随团副政委在埔南一带活动，胡琏兵团正急速南窜至汕头。一天下午。我们驻地的老乡突然大喊："国民党兵来了！"我们仓促地就近往一边山上跑，见对面山头大队敌军在行进，连里一位排长举起长枪向对面山头打了几枪，引起了敌军的注意，副政委看见敌军正在架迫击炮准备轰击我们，急令该排长不要再开枪。敌军等候片刻，见我们已无动静，他们也无心恋战，遂继续南撤。我们也赶紧翻山越岭，有惊无险地转移至他处。当时，我们连安排

1949 年 6 月在大埔高陂镇中心国民学校

1949 年 6 月在大埔高陂镇前线

了放高山哨警戒，但哨兵只注意监视南方，而敌军是从北边走山路向南撤的，所以未能及时发现敌人，这才出现了我们仓皇往山上跑的那一幕。又幸亏我们爬的这座山没有敌军，总算逃过了这一劫。

9月敌胡琏兵团南窜至边区时，我们连队跟随团副政委在大埔南一带活动，途经他家时，他请连长去他家喝酒，把我撇在一边，颇伤我的自尊心。随后在大埔角附近一村聚集，他向连队讲话，我在旁边一栋楼上，未去参加，而是从窗口看他讲话，他也看到了我。当时，敌情很严重，他到了楼上令通讯员手持驳壳枪警戒，疑我可能加害于他。后来他说是想抓捕我。一个巴掌拍不响，与他关系闹僵，同我当时的骄傲情绪有很大关系，我确实应负一定的责任。

11月，兴梅全境解放，我们部队又集结在大埔县城，在支队政治部组织科长王堪的协助下进行整编。我因此前对团副政委的作风表示过不满（事后想来，也有我个人骄傲情绪作怪的因素），被送往梅县正组建的教导大队学习（实际上是审查）。此时，一支队接到命令，要求派出部分兵力前往闽粤边的诏（安）饶（平）地区追歼残敌。王堪科长要我和他一道跟随追击部队工作。因为我懂潮汕话（诏饶地区的方言），便让我做民运工作（发动群众、募粮、为首长当翻译等）。我们在饶平县渔村一带曾歼敌十几名，当追击到福建诏安县城时，想不到与先期到达的第三野战军某部侦察排相遇，发生了误会。当时该侦察排占据制高点，他们居高临下看到我们这些穿着各种服装的“土八路”，以为是土匪，于是开枪射击，我们的两名战士被击中身亡。直到我们继续往前冲，他们发现我们头上戴着红五角星的帽子，才大声问我们是不是游击队，并告诉我们他们是三野的，双方才停止了战斗。一天，我们在诏安郊区募粮时，一架敌机突然飞来，扔下一颗炸弹后便又飞走了，幸好未造成人员伤亡。

完成诏饶地区追歼残敌任务后，我们回到梅县，闽粤赣边纵队第一支队整编为广东省军区兴梅军分区，我也到兴梅军分区教导大队学习了。

在广东省军区兴梅军分区

1950年1月，我到教导大队学习了四个月，内容有队列训练、刺杀和类似“三查三整”的活动，还和大家轮流担任营地站岗放哨的任务。尽管刘副政委让我到教导大队学习时对我的鉴定有“不忠于党的领导”（指我对他的领导作风不满）、“政治面目不清”等字句，但教导大队领导并未对我有什么怀疑，还让我当班长，而负责分配工作的军分区政治部组织科长王堪对我更是信任。5月初，教导大队学习结束时，副政委钟明调任丰顺县大队副政委，要我随他一起去。而王堪科长却坚持把我留在军分区直属侦通连任政治文化教员。

在基层连队工作的一年时间里，我与战士们相处得非常融洽，战士们有什么心里话都愿意和我说，和他们谈心是我最经常做的工作。因我在连队负责的历时约半年的爱国主义教育和形势教育深受战士们的欢迎，并取得较好的效果，战士们纷纷为我请功，经上级机关审批，我先后荣立小功各一次。我还积极参与了连队的其他训练活动，如我通过自学射击教材，教授战士掌握紧握枪把、瞄准、扣扳机“一元化”射击要领。我在实弹射击中，由于掌握了这一要领，尽管有视力不好的不利因素，仍然获得了“优秀射手”的称号。在军分区直属单位举办的墙报、戏剧比赛中，我们连队都名列前茅。我在省军区《连队生活》报上连续发表了数篇反映战士思想面貌变化和军民关系的文章。抗美援朝战争开始时，我还在《兴梅日报》上发表了《我对目前形势的认识》等文章。在个人学习上，我也抓得较紧，

1950年1月在梅县东较场

看了不少政治理论书籍和苏联小说，如《钢铁是怎样炼成的》等。那时放映的反映苏联卫国战争和国内革命战争时期英雄事迹的电影深深感染着我，激励我向这些英雄人物学习。

总之，那时我的政治热情和工作热情都很高涨，给战士们留下了深刻印象，以至于50年后在广州与当时的一些战士相逢时，他们对我都记忆犹新，大为赞赏。值得一提的是，在这段时间，我有幸在梅县聆听了中共华南分局第三书记古大存和宣传部长肖向荣等领导的报告，获益良多。

但也必须指出，在这一年多的时间里，我那种患得患失的个人主义思想还是时有流露。与此相伴随，我在思想上的斗争也颇为激烈。正是靠这种激烈痛苦的自我思想斗争，我保持了高昂的政治热情和工作热情。1951 年 3 月前，我为入党问题未获得解决而苦恼，一方面是因为自己的确抱有为共产主义事业献身的强烈愿望，不时会有怀才不遇的委屈和焦虑感；另一方面是因为自己思想启蒙较早，一些过去在自己影响下不断进步的同学、同志都先后入了党，而自己还留在党外，多少有点“无脸见江东父老”的感觉。

1951 年 3 月我入党后，遇到了几次对我今后的发展可能产生积极影响的调动机会，都因我在一支队和刘副政委的关系问题而受阻，这使我感到莫大的委屈并为此愤愤不平。事情的原委是这样的：

1951 年 5 月，我参加军分区举办的政治整训队学习时，恰与刘副政委编在一个组（此时他刚刚因为在一次战斗中犯错误而被撤职审查），他抓住我在一支七团对他不满曾一度闹情绪的问题，硬说我有什么“政治企图或阴谋”，是什么“有意识、有步骤、有计划地打击领导”。对他这种莫须有的指责，我也作了自我检讨，着重从思想上检查自己是否有个人英雄主义在作怪。当时，我严于律己的检查得到了他的认可，他甚至说过“不打不相识”，从此消除了彼此之间的成见。7 月初，组织上通知我立即前往武汉高级步校学习。在政治部组织科工作的赵全让我到政治整训队取回自传、鉴定等档案，随身带到武汉交给高级步校组织。这时我发现政治整训队支部某领导在我的鉴定上写上了我在一支七团工作时曾“破坏领导，并鼓动战士闹情绪”等字句。我对赵全说：“我怎能带着这样的鉴定去学习呢?!”赵全立即向政治部领导请示，同意我放弃这次学习机会，由组织上去调查澄清这个问题。除此之外，调入机关工作的事也因此被数度搁置。这个问题直到 1951 年底我被调到华南军区军政干部学校学习时才得到澄清。这里，我要特别感谢赵全同志在我受委屈、受考验的那段时间里给了我许多真诚而热情的关怀、帮助和鼓励，还有叶静林、丘啃等同志也是如此，使我最终经受住了考验。这种真诚的革命情谊，我将永志不忘。再次衷心地感谢他们。

在华南军区军政干校和中南军区广东干校

1952 年 1 月，为了迎接即将在全军开展的文化教育运动，我从梅县来到位于广州的华南军区军政干部学校（简称“军政干校”）文教队学习，学习内容主要有速成识字教学法、语文知识等。不久我便被抽调出来当教员。在此期间，我们列席参加了华南军区第一届文代会，聆听了军区政委陶铸、司令员黄永胜、政治部主任邱会作做的报告。陶政委的报告深入浅出、幽默风趣，发人深思，给我留下了非常深刻的印象。记得他曾谈到，有一次去某哨所参加战士们的讨论会，有一位战士批评另一位战士在看到漂亮女人时目不转睛地盯住不放，这是思想作风问题。他当即为该战士辩护说：“谁看到漂亮女人不多看几眼，这是很正常的。”会议还邀请了正好到达广州的志愿军代表团团长李雪三介绍抗美援朝战争的形势。

1952 年在番禺沙湾镇中南军区广东干校，从左至右为许柏年、刘哲之和我

1953 年在番禺沙湾镇中南军区广东干校

1954 年在番禺沙湾镇中南军区广东干校

1954 年在番禺沙湾镇中南军区广东干校

在文教队学习期间，全国开展了反贪污、反浪费、反官僚主义的“三反”运动和反行贿、反偷税漏税、反盗骗国家财产、反偷工减料、反盗窃国家经济情报的“五反”运动。不过校领导只是对我们进行宣传教育，并未让我们直接介入这场运动。

5 月，文教队学习活动结束，我被分配到刚组建的第一大队任副主任教员（主任教员由大队政委兼任）。大队下辖六个中队，每个中队由七八位文化教员组成教员组。因为当时尚未有学员来报到，我临时被抽调到军区政治部组织的文化教育工作检查组到驻广西的第二十一兵团（由起义的陈明仁兵团整编而成）检查该部开展文化教育的情况。其间，曾将检查情况向兵团政治部领导汇报。那时我们都很年轻，又是基层干部，汇报难免有些拘束，但兵团政治部领导却把我们当作上级机关的代表来看待，既尊重又亲切地听取了我们的汇报，使我们得以畅所欲言。工作组任务完成后回到广州，情况发生了变化。中南军区从武汉迁来广州，撤销华南军区建制，在中南军区下设立广东武装工作部，原华南军区军政干部学校也改为中南军区广东干部学校（简称“广东干校”），校址选在番禺的沙湾镇。这样，我们也就来到了沙湾。

1954 年在番禺沙湾镇中南军区广东干校

1954 年在番禺沙湾镇中南军区广东干校

一开始，我在干校训练处担任速成识字教研组的组长。所谓“速成识字教学法”，就是用注音字母当作拐杖来加快识字的方法。由于当时学员大多是讲广东各种地方方言的，有些普通话的发音在地方方言中没有，学习难度较大，我们在教学实践中逐渐探索到一些针对各种方言的特点进行教学的方法。结束速成识字教学任务后，我一度教过初中的语文和地理。时任广东武装工作部副部长的白相国（后来任国务院对外贸易部部长）还曾来听过我的课。后来我在中队担任文教组副组长，最后又回到训练处任文史地教研组副组长。那时，干校负责指导文史地教学业务的是刘哲之和我，负责指导数理化教学业务的是许柏年，我们被一些同志戏称为“三巨头”。我们三人在干校工作中结下了深厚的革命情谊，尽管以后各奔东西，却始终保持着密切的联系。三十年后，我们三人又在广州相聚至今，实在很难得。

在广东干校工作的两年多时间里，上下级关系和同级关系都相处得比较好，领导对我也较器重和信任。我曾陪同校领导饶璜湘向广东武装工作部部长黄一平汇报工作，曾代表干校到中南军区文教办公室介绍经验，并为兄弟部队培训教员。1954 年 4 月，干校党委讨论晋升我为副连级（当时全校只有两人获得晋升），但当报广东武工部审批时，适逢部队准备整编，干校也将撤销，晋升之事被搁置了起来。这对我来说，当然是一件很遗憾的事。这一搁置就是两年，直到 1956 年，我调至中央军委总后勤部第一预备学校后才解决。

在广东干校的这两年多时间里，我的学习生活和文化生活是比较充实和

1954 年 5 月在沙湾欢送方萌主任调中南军区师范学校工作

1954 年在中南军区师范学校

丰富多彩的。干校订购了不少图书杂志，我如饥似渴地借来阅读。此外，我还自费订阅了《世界知识》和《学习》杂志。当时翻译出版的苏联小说，如《远离莫斯科的地方》《金星英雄》《卓娅和舒拉的故事》等，我几乎都看过。我还和校领导饶璜湘、训练处主任方萌等买来俄语教学唱片和俄语速成阅读教材，利用业余时间，饶有兴趣地自学俄语，由于没有教师指导，再加上没有机会学用结合，效果一直欠佳。那时，几乎每个星期日都要到番禺县城所在地市桥看上一两场电影，多为苏联电影和抗美援朝的国产电影。干校还不时组织我们到广州观看文艺演出，参观各种展览。平时我也注意体育锻炼，经常打羽毛球和游泳。有一次，与我们一起工作的教员俞述识，还带着我和许柏年去拜访了他的父亲俞作柏（20 世纪 20 年代曾担任广西省主席）。

1954 年七八月间，干校处于待命整编状态，我们都在等候走上新的工作岗位。

在中央军委总后勤部

1954年9月初，即将撤销的广东武工部接到中央军委总政治部指示，要选调一批文化教员到中央军委总后勤部（简称“总后”）工作，我是被选中的一个。我于9月25日来到了向往已久的祖国首都北京，心情异常激动。在等待分配的十天时间里，我抓紧时间，走马观花地游览了北京的许多名胜古迹，如天安门、故宫、北海、天坛、颐和园、陶然亭等。国庆节那天一早我设法通过一些关卡，最后到达新华门对面的街道，在此等候观看从天安门走过来的受检阅部队和群众游行队伍。等了近三个小时，威武雄壮的解放军受检阅部队和热情奔放的群众游行队伍终于出现在我们面前，我们为此欢呼雀跃。游行队伍走过去了，我才回住地，十分凑巧地在前门碰到了刚从天安门城楼观礼回来的饶璜湘同志，他此时也住在总政第一招待所等待分配，于是便随他到住所畅谈起来。由于他比我早调来北京两个月，他告诉我很多北京的见闻，使我增长了不少见识。10月5日，我到总后政治部报到，被分配在宣传部文教办公室，任教研组长。我们组的主要任务是负责指导总后所属院校文化教育方面的业务。由于我们缺乏经验，加上体制上存在可管可不管的问题，整个组的工作开展得并不多，显得有些飘浮、零乱和松散。

1954年在中央军委总后勤部

1954 年在北京天坛

1954 年在黑山沪疗养院看望病人，前排穿白大褂者是我

1955 年在北京颐和园

我在总后政治部工作这段时间里的最大收获，就是充分享受了北京高规格、高水平而又丰富多彩的学习生活和文化生活，极大地开阔了我的视野，增长了我的见识。在学习生活方面，那时总后经常请一些领导和专家（如许涤新、狄超白等）就国内外的一些重大事件做精辟的报告。有一次，我荣幸地在北京饭店礼堂聆听了由全国政协主办的吴玉章、胡乔木同志关于汉字简化与改革的报告会。与会者有李济深、陈叔通、谢觉哉、傅作义、邵力子、高士其等前辈。胡乔木同志那逻辑严密、幽默风趣、引人入胜的报告，连上述前辈都全神贯注地聆听，自然更令我这后辈叹服不已。记得散会时，一些不懂礼貌的年轻听众一哄而出，未让这些前辈先行离开会场，我正好跟在谢觉哉后面，见他颇为气愤地和年轻人一起挤，心里很不是滋味，但又无可奈何。我还参加过不少单位举办的报告会，例如《文艺报》主编冯雪峰先后主持的两场报告会：一场是由作家杜鹏程的战友所做的关于创作《保卫延安》的报告会，另一场是由李希凡、蓝翎所做的批判俞平伯《红楼梦》研究的报告会。当时我的印象是李希凡的报告显得比较谦虚，而蓝翎的报告则有些趾高气扬。此外，还听过评论家陈涌关于鲁迅研究的报告、北师大一位教授介绍巴甫洛夫学说的报告等。

在文化生活方面，初到北京时，我就慕名观看了马连良（《四进士》）、张君秋（《白蛇传》）、荀慧生（《红娘》）等京剧表演艺术家的演出。在总后大院的大礼堂观看过著名越剧演员袁雪芬、王文娟主演的《西厢记》《春香传》，著名评剧演员新凤霞主演的《志愿军的未婚妻》以及中国杂技团的精彩演出。还到总政排演场看过蓝马主演的话剧《万水千山》，到中国青年艺术剧院看过话剧《万尼亚舅舅》等。

1955 年 1 月，总后拟觅舍办一所文化学校。我奉命到广州的中南军区后勤部联系，再经其介绍，到长沙湖南省军区后勤部洽商。他们先推荐我到株洲察看位于市郊的原国民党留下的兵工厂厂房，但这些厂房非常简陋（多是用杉树皮盖的厂棚），不适于办学校。后又推荐我到邵阳察看拟撤销的邵阳军分区营房，该营房主要由位于市内的原蔡锷公馆和位于市郊的原国民党将领廖耀湘的招待所组成，办学校也不适用。回到北京后，我把察看情况向宣传部长周秩（曾任志愿军政治部秘书长）汇报，由他再向上级请示决定，最终大家都认为湖南这两处不适合办学校。不久，我又接到通知，前往山东省军区后勤部联系，经其介绍来到潍坊郊区刚建成不久的一个汽车团的营房（因该团建制撤销，营房尚未安排用途）。我实地看了看，认为这座营房稍加改建完全可以变成一所学校的校舍。回到北京，我当即随周秩部长向政治部主任李耀汇报。李主任要我向总后副政委邱会作、副部长张令彬汇报。这两位总后领导都很平易近人，仔细听完我汇报后，随即拍板决定将该汽车团营房作为总后第一预备学校的校舍。

1955 年 1 月在长沙与周丽文老师母子

1955 年在北京故宫

1955 年在北京，左一是我

1955 年在北京

1955 年在北京

1955 年在中央军委总后勤部

1955 年在中央军委总后勤部

1955年3月，总后任命了第一预备学校的政委和几个中层干部，我和教研组的几位同志也奉命参加预校的筹建工作。筹建组的办公地点设在总后位于前门的一间小四合院（当时作招待所用）。前期主要是编制预算、调配教员、添置设备，数度奔波于北京、济南、潍坊之间进行筹划。之后，我和训练处王刚副处长到位于镇江的车辆管理学校（隶属总后）和位于济南的一间速成中学去参观学习。在镇江，我顺便游览了金山寺和甘露寺。在济南，游览了大明湖和趵突泉，《老残游记》中描述济南“家家泉水，户户杨柳”的景观赫然呈现在眼前。6月，调集的教员和干部基本到齐，校舍的改建和设备的购置也基本就绪，我们便进驻潍坊，进行开学前的准备工作。我负责组织教员的业务学习并为他们讲一些课。

7月，由胡风问题引出的内部肃反运动在全国展开，我们预校也不例外。在这次运动中，我曾被作为重点审查对象，审查的内容主要是我参加革命前的经历（如两次被国民党政府拘押、重庆之行等）。都是从怀疑出发来追问的，方式上也有些粗暴。最后，审查的这些都没有成为问题，反倒是把没有追问的家庭成分写进了结论，即“阶级立场一度不稳，袒护其地主家庭”，并给了我党内警告的处分。土改时，我对家庭被评为“工商业兼地主”，在思想上是有些不通的，认为缺乏事实和法律政策依据，但我觉得应该“牺牲小我，完成大我”，还是在行动上和我父亲划清界限（那个结论，大概是审阅我的日记后得出的，因为在日记上曾流露我的上述思想）。1956年初，在我的申诉下，预校党委撤销了对我的处分。而改革开放后的1985年，在我的申诉下，永定县人民政府将我的家庭成分更改为“华侨工商业”，去掉了“兼地主”，体现了党的实事求是、有错必纠的精神。当然，这些都是后话了。

肃反运动结束后，第一批学员才入学。此时，组织上要我担任政治教员，给学员讲《社会科学基本知识讲座》，给在职干部（包括文化教员）讲苏联版《政治经济学》。当时完全是现学现卖，特别是讲《政治经济学》，尽管备课时花了很大精力，但仍有一些问题自己并未完全弄懂就去讲，确实有点“误人子弟”。

1957年3月，我到北京参加总后举办的理论训练班，学习哲学。这次学习，我自己觉得收效不大。但值得一提的是：4月16日，我们接到通知，12时列队到前门大街等候欢迎苏联最高苏维埃主席团主席伏罗希洛夫来华访问。下午近3时，我们看到伏罗希洛夫的专机在北京上空盘旋降落。4时左右，我们终于等到了这幸福的时刻：毛主席陪着伏罗希洛夫乘坐敞篷车挥着手向我们的队伍靠近了，渐渐地在距离我站的前排只有2米多处缓慢驶过。我是这么近距离地看到了毛主席和伏罗希洛夫，当时那兴奋激动的心情真是难以用

1955 年在山东潍坊

1955 年在山东潍坊

1956 年在山东潍坊，左二为我

1957 年在山东潍坊，英琪来探望我

言语来表达。随后，迎接的车队逐一在我们面前驶过，我看到了不少中央领导同志。

学习期间我曾因胃病到由苏联援建的和平医院检查治疗，医生们很耐心，仔细地为我做了多种检查，最后告诉我，90% 可以排除胃溃疡。

1957 年在山东潍坊，英琪来探望我

6 月，全国开展整风反右运动，我们班也停课跟进。由于我们学员来自不同单位，对训练班的领导也不了解、不熟悉，所以我们没有写什么大字报，只是对报纸上揭露的一些问题谈谈各自的看法。不久，预校的同事陈仲才来信告诉我预校已开始整风，大家为帮助党整风贴出了不少大字报，而大字报的内容是什么，他没有说。我在回信中曾笼统地表示支持大家写大字报帮助党整风。后来，陈仲才被打成右派，我这封信便成为支持他向党进攻的“证据”，于9 月训练班快结束时被提前召回预校接受审查。大概是没有发现我有什么大是大非的问题，随着反右运动进入处理阶段，我的“问题”也就不了了之。不久，预校开展上山下乡运动的学习，大家都在做回乡当农民的思想准备，我也不例外。

1957 年与英琪在北京颐和园

1957 年在北京劳动人民文化宫

1957 年在北京颐和园

1957 年与英琪在北京颐和园

1958 年 3 月，预校撤销前夕，校领导根据上级指示，向全校干部动员报名参加开发建设北大荒（指黑龙江省三江平原）。我和许多同志都响应党的号召报了名，并获得了批准，很快送来了喜报。可就在我们奔赴北大荒的前一天，党支部根据校党委委员王副处长的指示，突然决定开会讨论我在反右中的表现以及对我的处分问题，做出了给我留党察看的处分决定。处分决定列举了我的四条“错误”：

一是“支持右派分子陈仲才向党进攻，同情右派，对钱伟长（科学家）被划为右派‘表示惋惜’”。前者的根据就是我前述的那封信（这是莫须有的罪名），后者的根据是我看到报载钱伟长被划为右派时说了句“怎么搞的，他不久前才被中国科学院授予二等奖”（这句话也算是严重错误？令人不解）。

二是“对预校肃反运动不满”，主要根据是我说过“我校肃反运动基本上是健康的，但不一定要说成绩是主要的”。我之所以说“基本上是健康的”是因为尽管在审查中曾伤害一些同志的感情，但最后并没有冤枉一个好人；我之所以说“但不一定要说成绩是主要的”，是因为审查了不少人，最终并没有肃出一个反革命来。我当时这个认识的确有片面性，但作为处分的依据之一是不妥当的。

三是“攻击党的老干部”“写小品文说王副处长是饱食终日，无所用心”。小品文只是曾经想写，但并未成文，说王副处长“饱食终日，无所用心”确属偏激，但由此扣上“攻击老干部”的帽子，显然是无限上纲。

四是“有严重资产阶级个人主义和骄傲情绪”。这一条是我或多或少存在的，加上“严重”二字，虽言过其实，但从严于律己出发，我尚可接受。不过，这主要是思想问题，以此作为处分的依据之一，也是不妥的。

由于在反右结束的半年里，从未有人提过要讨论我的处分问题，我又刚接到组织上给我发的“光荣下放劳动”的喜报，这时突然给我这么严重的处分，我的确毫无思想准备，怎么也想不通，心情很沉重。在欢送我们奔赴北大荒的会餐中，适逢校党委秘书姚荫武和我同桌，见我情绪不好，便主动问我是否对处分想不通，我说是。他说在校党委委员中只有王副处长是“老人”，其他委员都是刚调来不久的“新人”，对我的情况不了解，要我立即找谷政委（党委书记）谈谈。我随即便去找谷政委谈了我的意见，他听后也觉得的确是把一些不是什么错误的当成错误（如我对钱伟长被划为右派时说的那句话），而有些则是夸大了错误的严重性。他说，他会马上再开党委会讨论。讨论的结果是把原处分决定内容有的删除了，有的减轻了严重的程度，处分也由“留党察看”改为“党内严重警告”。

当时能做这样的更改，我是很感激谷政委和姚荫武同志的（姚在以后和我通信时说，当时他之所以同情我，建议我找谷政委谈，是因为在肃反运动时他看了我上交审查的日记，对我的为人有较深入和具体的了解）。但这个处分毕竟是不妥当的。1961 年 11 月，在我的申诉下，黑龙江八一农垦大学党委经过调查研究，决定撤销对我的这一处分，并已从我的档案中取出该处分决定，与写有“中右”结论的材料一并予以销毁。

转业下放北大荒劳动

1958 年 3 月 26 日凌晨 1 时许，我们这些志愿转业去开发建设北大荒的战士，乘着专列从潍坊出发，预校领导都前来车站送行。真要离开亲爱的部队，我的确恋恋不舍。

3 月 30 日，我们到达黑龙江省密山县，满城都是等待着去农场的转业军人。当时农垦部长王震上将也在密山坐镇指挥十万转业官兵开发建设北大荒。我们在这边陲小城等了三天，被分配到位于虎林县的八五〇农场云山分场第二队。此前已有一些转业官兵先我们而到，场部有少量刚盖好不久的砖瓦平房，大部分是泥墙草房。

卸下行李，我们被安排在草房的火炕上休息。随后，先期来到的原军委训练总监部的王观泉同志（他后来出版过多部研究鲁迅和西洋美术史的著作）热情洋溢地向我们描述了这里发展的远景，使我们备受鼓舞。

第二天，天刚蒙蒙亮，队长就把我们叫起来，说有一车粮食要我们卸下来。这是我们上的第一堂劳动课，一袋 100 斤重的粮食刚压上我的肩膀，便从头顶滚到地上了，我从未扛过这么重的东西呀！第二次，我咬紧牙根，终于扛了起来，并且一连扛了几袋，幸亏扛的距离很近，我艰难地经受住了这第一次考验。

1958 年在北大荒

1958 年在北大荒

1958 年在北大荒

刚开垦的黑土地很肥沃，无须施肥，只要播下种子便有收获。一般的农活我都干过，有人工点播、间苗、锄草、收割等。干这些活大都需要弯腰，真是腰都快弯断了，很难受。有的人只好趴在地上进行手工间苗。

4 月的一天，突然传来完达山某处失火的消息，总场命令组织上百人的队伍进入完达山寻找火源。我是这支队伍成员之一，这也是我第一次踏入浩瀚的原始森林。这里树木高大，地面被厚厚的落叶覆盖着，上百人走过，便开出了一条路。我们走了一个多小时，并未发现火源，只得回头沿着刚踩出的这条路无功而返。

5 月，我们被抽调去修“五一”水库。住在前垦荒队遗弃的一座草棚里，睡着用枝条、茅草编织的“钢丝床”，干着挖土、抬土、打夯等重体力活，大家都食量大增，我一顿可以吃一斤馒头，有的人则要吃两斤。

8 月是麦收季节，一望无垠的麦浪煞是喜人，这本是康拜因收割机大显身手的时刻。可是，当时农场却很少这种机器，主要靠人工来收割。有的麦地很大，一个人从地头割到地尾要花五六个小时。

在那干劲冲天的“大跃进”年代，一天傍晚，有的组悄悄到离住地约十里的麦地收割小麦，我们组闻讯后也不甘落后，奔向麦地摸黑割起小麦。然而在伸手不见五指的黑夜收割小麦，不仅丢三落四割不干净，而且不少人的手和鞋都被锋利的镰刀割破多次。割了一个多小时，大家都觉得不能再这样割下去了，只好坐在地里等天亮，蚊虫来咬，便猛抽烟来赶。好不容易等到天亮，又因为一夜未睡，又饱受蚊虫之苦，大家再挥镰割麦已是筋疲力尽了，这冲天的干劲再怎么冲也冲不上来了。

1958 年在北大荒

1958 年在北大荒

1958 年在北大荒

1958 年在北大荒

从9月到11月，我参加了队里盖草房的劳动，我主要负责苫草（在房顶铺上草，挡雨遮阳）。这是一项技术活，在老职工的指导下，我很快掌握了这项技术。为了赶在入冬前盖好入住，我们起早贪黑地干活。两个多月下来，我磨破了好几条裤子（因为是跪着苫草），棉衣也破得到处开花，但能住上自己亲手盖的草房，还是感到很欣慰的。只是这草房毕竟太简陋，太粗糙，在北大荒零下30摄氏度的严冬里是不怎么保暖的。那时，在屋内烧着火墙，温度也只有零下几摄氏度，晚上睡觉得穿上棉衣裤，戴着毛皮帽，并盖上厚厚的被子。早晨起来，大头毛皮鞋被冻得硬邦邦，要费很大的劲才能穿进去。

1958年8月在黑龙江省虎林县

早在6月间，我就因为劳动负重得了小肠疝气病，曾到宝东医院看过，医生提出手术治疗，考虑到当时生产任务较紧张，我的病情也不算很严重，队领导建议延后再治。我当时对设备简陋的宝东医院也有点不放心，于是拖到12月，我才正式向领导请假回上海自费做手术，并顺便探亲。抵上海后，经友人推荐，我去了同济医院（时为第二军医大学附属医院）做疝气修补手术。医护人员都尽心尽责，住院10天，怎么也没有想到全部费用连30元都不到。那时的医疗费确实很便宜，是一种福利。出院后，我在上海休养了一段时间，于1959年2月又回到了北大荒。

1958年冬在黑龙江云山农场

此后，我被队里分配到伐木组劳动。我们伐木主要是为食堂提供柴火。住地后山便是一片森林。进山后，先找好要砍伐的树，判断其倒向，然后两人在树根部拉锯，把树放倒，再把树杈用锯锯断或用斧头砍断，最后把树干截成几段，每段两三米长，连同树杈装上牛车，拉回队里当柴烧。我们伐的树，粗的要两人才抱得过来，细的直径也有三四十公分。柞木、桦木坚硬，较难锯；松木、杨木较疏松，较易锯。在伐木那段时间，我们曾遇到过几次险情，如树干向南倾斜，倒向应是南边，在锯树过程中，突然刮起南风，树便向北边倒，这时我们得赶紧用力把树推向南侧，否则后果不堪设想。又如遇到空心树，拉锯半途，树会突然断裂倒下，差点砸到我们。

我们在伐木的同时，还兼顾套狍子，即在狍子下山约一百米宽的通道处，用铁丝编织成一个个活套钉挂在树与树之间，等狍子上套。一次我去查看有无狍子上套时，正碰上四只狍子往山下跑，两只大狍子套上了，两只小狍子从套下溜过去了。上套的两只狍子拼命挣扎，我怕它们逃脱，忙赶过去用随身带的树棍敲打，又怕是狼上套，搞得我好紧张。后来看清是短尾巴，确定不是狼而是狍子，才镇静下来。狍子越是挣扎，套子就勒得越紧，直到被勒死。我高兴地跑回伐木处，叫来牛车，把狍子拉回食堂改善伙食。

下雪天我去套狍子处查看时，常发现有狼先我而至（雪地留有狼的脚印）。有一次，狼把套上的狍子腹部啃掉不少肉，我没有把狍子拉回队里，而是把狍子拉回到套子底下，心想，狼再来吃时，也许能把它套上。可是，第二天我去时，发现狼又把狍子拉到稍远处继续吃，一连几天都是如此，直到把这只狍子啃得只剩下皮骨，狼就是不上套。

1958 年在虎林县政府门前

伐木期间我还见证了成语“摇尾乞怜”的真实情景。一天，离我们伐木点十几米处，有一只狗趴在那里，眼睛直望着我们，尾巴不断地摇摆着。我们走近一看，方知这只狗的腿部受了伤，它是向我们摇尾乞怜。我们把它抬回住处，让它养伤。但伤愈后，它便不告而别了，可能是寻找它的主人去了。

近半年的伐木劳动，我基本掌握了伐木的技能和有关知识。我们伐木组的几个人相处得很融洽，劳动充满乐趣。在树林间劳动，空气很清新，环境很幽静，这些都有益于身心健康。这段劳动生活，至今仍使我感到非常留恋。当然，现在回想起来也有遗憾，我们伐了几百棵树当柴烧，确实很可惜。

在转业下放到北大荒劳动锻炼的一年多时间里，生活确实经历了巨大的变化：从内地城市到边疆荒野，由脑力劳动到体力劳动，从军官到农工，从比较舒适的生活到比较艰苦的生活，这些都是对自己的严峻考验，我为自己经受住了这严峻的考验而感到欣慰。

最后，附上我当年在日记里写的几首打油诗，它们从某个侧面反映了我们这些垦荒者的思想情操和劳动生活。

我们永远是革命士兵

从前我们手握着钢枪，
现在我们手拿起锄头。
从前我们驾驶着坦克，
现在我们操纵着铁牛。
从前我们打败过敌人，
现在我们要制服地球。
我们永远是革命士兵，
一刻也不能停止战斗。

我们要使荒芜的土地，
生产出亿吨粮食。
我们要使大片的草原，
抚养着千万头牛羊。
我们要使空旷的地上，
矗立着座座的楼房。
今日的北大荒，
明天就要你变成祖国的北大仓。

冬修水利

是党发出了号召，
北大荒的粮食要亩产千斤。
肥已积好，地已耕深，
而今要把水利来大兴。

昨日草棚刚搭成，
今日雪厚盖没草棚顶。
一夜里寒风凛冽，
大雪呀飘个不停。

队长吹响了起床的哨音，
战士们掀起被盖就起身。
啊呀，被盖结了层薄薄的冰，
鞋也冻得邦邦硬。

拿起锹镐急往工地行，
今日的任务可不轻。
挖方[①]定额一定要完成，
地却冻得三尺深。

天寒，我们有一颗火热的心，
地冻，我们有一股冲天干劲。
千镐万镐把地震[②]，
挥锹铲土忙个不停。

一方方冻土堆得齐齐整整，
长长排水渠已经修成。
定额突破纪录新，
大家获奖喜盈盈。

---

① 挖方，即挖土方。
② 把地震，指冻土似铁硬，要用十字尖镐打个眼，反复抡敲，直到把冻土震裂开。

初到高校工作

1959 年 7 月，我从云山农场被选调到刚创办一年、位于密山县裴德的黑龙江八一农垦大学（简称“农大”，校长由王震部长兼任）工作。我刚到学校便奉命到吉林省长春市招生。招生录取地点设在长春市的长春地质学院。招生回来后，我被分配到国营农场管理系（简称“农管系”）任政治助理员。该系学员全部是 1958 年 8 月从垦区的转业军官中招收的，约有五百人，学制四年，只此一届。1959 年起，农大改招辽宁、吉林、黑龙江三省的应届高中毕业生。

1959 年在黑龙江八一农垦大学

20 世纪 60 年代在黑龙江八一农垦大学

我在农管系工作的半年中，较多时间参与了在学员中开展的反右倾整风学习。当时，在农大流传这么一句话：“农管系有三宝，镰刀、锄头、破棉袄。”这句话，一方面展示了农管系学员艰苦奋斗的作风，另一方面也反映了生产劳动所占比重太大，而教学比重太小。学员们对此有意见应该是完全可以理解的，也是无可厚非的。在“左”的思潮影响下，我曾在校报上发表两篇文章，不恰当地批评了一些学员这方面的意见，至今深感遗憾。

我在农管系做的一件较受欢迎的事，是应学员的要求，自作主张为他们做过一次时事报告。那天晚上广播通知农管系学员到礼堂听时事报告，主持学校工作的姜瑞元副校长听到广播即来系办公室问是谁讲，我说是我，他有点不放心问我有无报告稿，我正好写有几页很简要的提纲，他拿来看了看，并问了我几个问题，然后说了句“去讲吧”。没想到学员几乎都来了。在我做报告的过程中，全场鸦雀无声。报告结束时，全场报以热烈的掌声。事后还有学员写稿给校报对我的报告给予较高的评价。在我调离农管系后，他们仍不时要我去做时事报告。

1960 年 1 月，我回沪探亲，当时耀中哥因患肺癌在沪医院诊治，已到晚期，医院建议回家疗养，我和妻女陪护其回福州。

1960 年 1 月在福州耀中哥家

1960 年携英琪、东东回福州探亲

1960 年回上海探亲

1960 年 2 月，我调到马列主义教研室，随即又被派到沈阳辽宁大学哲学系进修。除学习哲学外，也学点政治经济学，还集中了一段时间学习中央为纪念列宁诞生九十周年而发表的《列宁主义万岁》等三篇文章。当时很强调在斗争实践中学习马列主义，写文章也要“大跃进”“放卫星”。系里分给我们进修班不少写批判现代修正主义文章的任务，还责成我组织几个同志为配合学习《列宁主义万岁》等三篇文章编辑《毛泽东同志言论摘录》，呈陈放校长审阅，受到好评，又送辽宁省委宣传部审查，最后以中共辽宁大学委员会宣传部名义铅印成册，供大家学习。进修期间，我还被辽宁大学派到海城，为该县教育局举办的政治课师资培训班辅导《实践论》学习。县里对我的讲课很重视，把各人民公社的党委书记也请来听我讲课，并且录了音，以便让更多的人听到。这确实使我受宠若惊，于心不安。因为我这次讲课准备得很仓促，一些内容自己也没能很好理解，又能给听课者多少启发呢？

1960 年在沈阳

1960 年在辽宁海城讲课

1960 年与张文宏（左）在大连

1960 年在辽宁大学进修

1960 年在辽宁大学进修

1961 年与英琪、东东和英琪的父母、妹妹、弟弟在上海

1960 年 8 月，我结束了在辽大的进修，回到了八一农大。由于“大跃进”时高产“卫星”满天飞，自欺欺人的浮夸风遍地刮，加上自然灾害，全国经济处于严重困难时期，全国上下几乎人人都感到饥肠辘辘，我们学校也不例外。常常是每人一顿饭只有一个窝窝头，还是用玉米面和玉米秸或豆秸磨成的粉掺和在一起做成的，嘴大的人，一口就能吞下。吃完饭都不用洗碗了，因为大家都用舌头把碗舔得干干净净。食堂也不用擦桌子、扫地了，因为桌上、地下连一颗饭粒都找不到。肚子空，便喝开水以增加饱胀感；开水没味道，便加点酱油。很多人得了浮肿病。但是，我们都坚信党中央和毛主席一定能领导我们战胜这暂时的困难。学校也采取了一些措施来改善大家的生活，包括调整作息时间，保证每人每天能喝上一碗豆浆等，使教学工作基本上得以正常运转。在此后的一年中，我主要在政治专科班讲授哲学和政治学，同时为各系每月讲一次时事课。上课时我尽量联系实际，增强学生战胜困难的信心。

1961 年回上海探亲时路经大连

1961 年回上海探亲时路经大连

1961 年 9 月，原来临时具体负责教研室工作的张汉纲到中国人民大学进修哲学，组织上要我把张的工作接下来。1962 年 3 月，马列主义教研室建制直属学校（与其他部处单位同级），已被国务院任命为校长的姜瑞元兼任教研室主任，由我和原农垦局宣传部长许 × × 共同具体负责教研室的工作，而由我负主要责任。教研室成立了党支部，我被选为党支部书记。这样，我实际上成了教研室的“党政一把手”，确实感到诚惶诚恐。但我的教学任务并未减轻，我大体上每月一次的时事报告还扩大为全体师生（包括干部）都参加听讲，提高了要求，增加了难度。应该说，这一年我的工作是努力的，是顾全大局的，也比较注意处理好和大家的关系，教研室的工作颇有起色。

1962 年 9 月初，学校接农垦部通知，说中国人民大学给了一个进修中共党史的名额，要学校立即选派人去报到，姜校长决定让我去。当时我还有些犹豫：一是我刚刚熟悉哲学教学，如今又要重起炉灶搞党史，觉得似乎晚了些；二是进修前缺乏业务准备与基础，担心跟不上；三是妻子 10 月份要分娩，我走后无人照顾，放心不下。姜校长认为前两条理由不能成立，后一条应该能设法解决，仍坚持要我去。对于妻子即将分娩一事，她所在外文教研组向我保证，他们一定会很好地照顾她，叫我放心去进修。我真的很感谢校领导对我的培养和外文教研组对我的全力支持，使我能获得这样一次难得的学习机会。

1961 年夏我与英琪在黑龙江八一农垦大学北山上

在中国人民大学进修的一年

1962年9月12日，我来到阔别已5年的北京，当时在军委工程兵部工作的老战友许柏年特地到车站来接我，我们已经6年没有见面了。首都的巨大变化，老战友的诚挚情谊，让我心潮澎湃，久久不能平静。在老许的陪同下，我去中国人民大学（简称“人大”）报了到，此时已开学数天，我是迟到了。

人大举办的中共党史进修班，学员都是来自全国各高校的党史教师。为我们授课者多是全国有声望的专家学者，如何干之、胡华、彭明等。这里的学术气氛很浓，还不时请各界的名人如李梦华、马约翰等来举办讲座和时事报告会，活跃我们的思想，扩大我们的视野。何干之的讲课是最吸引人的，除了旁征博引、有根有据、深入浅出、语言风趣外，还常有自己独到的见解。他的“口吃”也常使我们忍俊不禁，精神为之一振——他在讲课中常常最后一个字讲不出来，而转身在黑板上把这个字写出来的同时，也把这个字讲出来了。

1962年在北京中国人民大学门前

这一年，我精读了《毛泽东选集》（共四卷）的每一篇文章，如饥似渴地阅读了许多有关中共党史的图书资料，这是我一生中聚精会神读书最多的一年（连寒假我都没有回家）。这一年，我还听了来自解放军政治学院、军事学院多位专家学者的授课和一些党政领导干部、新华社记者的有关报告，又找机会到北京市委党校礼堂聆听时任北京市副市长吴晗的报告。这一年也是我购书最多的一年，除了购买必需的教科书和教学参考资料外，我还在北京的旧书摊购买了“价廉物美”的涉及党史方面的图书。同时，结合党史学习，我较仔细地参观了中国革命博物馆和中国历史博物馆，又到八宝山革命公墓逐个瞻仰了安葬在此的革命先辈的墓碑（大都有他们生平的介绍）。总之，这是我学习上大丰收的一年。

这一年，我们党史进修班有幸参加了在天安门广场举行的新中国成立十三周年的庆典，曾在钓鱼台迎宾馆前先后迎接过来华访问的锡兰总理和老挝国王，有幸近距离地目睹了他们的风采。我们还到天安门广场参加了声援古巴人民反美斗争的示威游行。毕业时，我们有幸在人民大会堂聆听了周总理为北京地区高等学校应届毕业生所做的报告。

这一年，我的课余生活也是丰富多彩的。我曾到首都剧场观看了北京人民艺术剧院著名话剧演员朱琳主演的话剧《武则天》。那天正好剧作者郭沫若也来观看，据说郭老很喜爱自己的这部作品，已经不止一次来观看了。我还到天桥剧场观看了著名歌唱家郭兰英、刘秉义的歌剧演出，到中央党校礼堂观看了著名京剧演员赵燕侠主演的京剧《盘夫索夫》。人大也请了著名相声演员侯宝林、马季等来表演相声。人大还请清华大学体育教授马约翰来做报告，那天气温颇低，马老虽已年约七旬，却穿着短衣短裤声音洪亮地讲了约两小时，还记得他说他的心脏如年轻人一样在跳动。观看和聆听这些全国一流甚至顶尖水平的演出和讲座，是一种莫大的享受。我还登上了八达岭长城，游览了西山八大处，参观了十三陵，这些雄伟秀丽的名胜古迹让人流连忘返。

1963 年 7 月，我荣幸地领到了有人大校长吴玉章签字、盖有人大钢印的中共党史进修班毕业证书。

在人大的一年，是我终生难忘的一年。

1962 年在北京西山

1962 年在中国人民大学进修

1962 年在中国人民大学进修

1962 年在北京十三陵水库

1962 年在北京人民大会堂与张燕合影

1962 年在八达岭长城

1962 年冬在八达岭长城詹天佑铜像处

1962 年在八达岭长城

1963 年与同学在北京青龙桥留影

1963 年 7 月在中国人民大学进修时与校领导胡锡奎、何干之等合影留念

进修返校后的三次困扰

1964 年与教研室老师在八一农垦大学校门前合影

自人大进修回来至“文化大革命”爆发前夕，我便陷入了人际关系的困境，并因此先后三次受到很不公正的批判。

这个人际关系问题主要是我和当时教研室的具体负责人许 × ×（我到人大进修后，教研室工作由许和张汉纲负责，我从人大进修回来后仍维持不变）与党小组长范 × × 的关系问题。

先谈我和许的关系问题。在去人大进修前，我和许共同负责教研室工作，那时我们相处得还是比较好的。问题发生在我进修回来后不久，一天我和范在办公室闲聊，正好收发室送来信件，其中有一封许的信，我和范分析很可能是让许犯错误的那个女人写的。当时，范就要拆开来看，我制止了，因为私拆别人的信件是违法的，何况还只是怀疑。我对范说可通过其他途径从旁了解，范说这封信由他来处理，我又提醒他一定要慎重。后来，范把此信交给了许的妻子，许妻一看就说是那“臭婊子”写的。这样，许在留党察看期间继续坚持错误的问题就暴露出来了。当时，许留党察看两年的处分即将到期，党组织正准备讨论他的处分问题，如果按原则办事，许的党籍是难以保住的。由于许的资格较老、级别较高，校领导和范、张都有意放他一马。我在会上讨论时也多次表示有些为难，感到不太好办，但最后我还是同意了撤销对许的留党察看处分。可是，许却从此认为是我揭发了他的问题并提出要取消他的党籍，一直对我耿耿于怀。

我和范的关系问题，起因是教研室某次评选先进工作者，校党委副书记周长清与会，说要从李和范两人中选一个。许认为还是选范好，我则倾向于选李，但最后我还是勉强同意选范。加上平时我对范的一些庸俗言行看不惯，有时会流露出不屑与其为伍的清高思想，使范认为我瞧不起他、不尊重他，对我也一直耿耿于怀。

1964 年 3 月，教研室负责人之一张汉纲调宣传科工作，校领导又要我和许共同负责教研室的工作，并且以我为主。由于我和许、范的关系已有隔阂，已经难以相处共事，我便一再向校领导请求不要让我兼任负责人，但校领导坚持要我负起这个责任。事实上，我已很难负起这个责任，因为许、范对我的成见已相当深，他们在不少问题上常绕开我或架空我这个主要负责人。这样，相互猜疑加重，关系更趋紧张。5 月，在学习解放军开展“三摆一找”运动时，他们有预谋地把我的“三摆一找”提前，特地请校长、书记来听对我的检查和揭发批判大会。许、范对我提了许多意见，如骄傲自负、对家庭认识有问题、与他们缺乏共同语言等，尤其是范提的不少意见都是毫无根据的猜测，非要强加于我。在此前后，我曾主动找范交换意见，试图消除误会，但毫无效果。他公开对我说，为了抓住我的小辫子，他很注意搜集我的点点滴滴，并反复和一些人回忆当时的情况，一旦有所发现便高兴极了。显然，这是他以整人为乐的自我暴露。一些同志私下和我交谈时，对范就有这样的评价：此人权力欲极强，自我优越感很强，为了达到抬高自己、打击他人的目的，不惜采取一切手段。可是，在已把我当作重点批判对象的情况下，对于他们强加于我的指责，我是有口难辩。因为你越想澄清，就越会被认为态度不端正、不老实，更不要说我对他们的揭露了。我只得一再违心地检查自己。倒是姜校长在批判我的会议结束时，说了句公道话：“要特别批评谢和许、范三人，关系问题大家都有责任。”也有几位同志指出，许、范在对待我的问题上是有些个人情绪和偏激情绪的。会后，鉴于我处境的艰难，我一再请求校领导解除我兼任负责人的工作，但他们还是不答应，并说这又不是犯什么错误，对大家的意见应反求诸己，不应计较情况的出入，有点压力对自己有好处。无奈之下，我只得服从。

不久，省里召开高校校长、教务处长和马列主义教研室主任参加的讨论政治理论课教学问题的会议。当时姜校长外出，周副书记决定由教务处长郑亢行和我去参加。这次会议要求各校总结政治课教学经验，以便在数月后即将举行的全国政治课教师代表会议上进行交流。开会回来，我立刻在教研室进行传达，经大家讨论决定，政治课教学经验的总结由大家分工来写，我负责统稿，而形势任务教育的经验则由我单独完成。姜校长很重视此次总结，多次提出意见，几易其稿，经过近三个月才定稿上报。上报后范曾把我叫去谈话，说这次总结没有很好地尊重、征求他的意见，特别是他分工写的那部分被我改写了，整个总结中反映他的成绩和经验不够。我向他解释说，这个总结就是大家意见的集中，不是哪个人自己编出来的。每个人分工写的部分也是大家座谈后的整理，由于我负责统稿，我就不得不在文字、内容上作一些修改以便串成一体，我毫无私心。至于改得好不好，这是水平问题。最后我对他说，我的确很怕他，我工作上的束手束脚就与此有关。可他仍坚持他的看法，对我甚为不满。

1964 年 8 月，省里召开高校政治理论课改革会议（原拟召开的全国政治课教师代表会议不知何故未能开成），姜校长不在，周副书记指定许、范等参加，我则被指定到吉林长春招生（为何如此安排，我当时也不明白）。这次会议，据说是围绕中央对政治理论课教学所做的“成效甚微，打了败仗”的评价进行深入的讨论。许、范回校后在教研室传达贯彻，免不了每个人都得检查一番，而我又被许、范列为重点批判对象（仅仅因为我对上次对我的批判有保留和教研室有些同志同情我），问题基本上还是之前批判的那些问题，“重炒剩饭”“增加温度”，上纲上线。尽管我一再从严检查自己，历经半月还是过不了关。最后由周副书记在教研室宣布我停职反省（姜校长这段时间外出开会去了，他回来后获悉对我这样处理，曾表示不妥，但既已宣布，只得默许）。这个停职，实际上是免职，即免去我兼教研室负责人之职，而我还得履行我的教师职责。时隔一年后，1965 年 9 月，周副书记找我谈话，说他与校长到后期也察觉到许、范对我的批判掺杂了个人意气，而前期他们调查研究不够，并且认为两次会议对我的批判、处理确有不妥的地方。但他并没有向教研室澄清此问题，只是私下对我个人有平反的表示而已。

1966 年 4 月，和全国一样，我们学校也在开展“突出政治”的学习，对学校和本单位在“突出政治”上存在的问题进行分析讨论。教研室的同志们对几年来负责过教研室工作的许、范和张提出了不少尖锐的意见，因为张早已调宣传科，许则刚调校务部任副部长，范则刚调农机系任党总支副书记，所以大家才敢于发表看法，其中也涉及我的一些问题。绝大多数同志认为，许、范对我成见太深，以致不惜采取一切手段来打击报复（有些手段我还是这次才听说）。而范、张对一些同志的做法，也使他们感到不正派。这些，说明群众的眼睛是雪亮的。他们谈完后，我也讲了自己的一些看法和想法。我首先检讨了自己，坦承自己不是一个彻底的唯物主义者，我是有所畏惧的，对自己存在的问题是如此，对别人存在的问题也如此，个人患得患失的思想较为严重。关于和范、许的关系问题，我也认为他们在一定程度上有利用职权、使用组织手段对我进行打击报复的成分（我有意缩小其严重程度，心想范、许或许能接受）。

岂知我这个发言又闯了“大祸”。当时具体负责教研室工作的李健之向上级汇报后回来传达说，前年（1964 年）对我的两次批判是原则性问题，还上纲上线地提到我要求甄别反右中的问题、对家庭的认识问题和白专路线的问题等都是大是大非的问题，并传达周副书记的指示，要请许、范回教研室来参加会议，以便把问题彻底弄清楚。这样一来，教研室刚刚形成的那一点点畅所欲言的氛围立即消失了，许在会上要大家对我提高警惕，抵制我的影响，范还把那些捕风捉影或无中生有的问题强加给我。在这种强大压力下，原来为我说公道话的同志多数转而违心地对我批判起来，个别同志则沉默不语，而我连保留意见都不允许，又怎么敢向范、许提出反批评?！我又不得不在一连串的批判中委曲求全地做检查，直至“文化大革命”爆发。

我不回避引发关系问题有我自身的原因，即我的清高、孤芳自赏和骄傲情绪，这是我要认真吸取教训的。这三次对我的批判，也与当时全国的政治气候有关，即受到“以阶级斗争为纲”的“左”的思想的影响。但这三次对我的批判，确实是许、范带着个人成见和个人目的对我组织的很不正派的围攻，是欲置我于死地而后快的残酷斗争，给我造成了很大的伤害。尽管后来，姜、周等校领导都亲口对我讲述许、范确实存在对我打击报复的问题，许、范也多次向我表示赔礼道歉（显然是迫不得已），但我心灵上的伤痕却仍然长期隐隐作痛，真是不堪回首。

人大进修回来的三年，我在工作上是问心无愧的。尽管这三年我连遭错误批判，胃病又频繁发作，但我仍不断调整心态，带病认真负责地坚持工作。

我先是用了约半年的时间，集中精力编写了较为详尽的中共党史教学大纲，并铅印发给学生作为基本教材。1964 年 9 月起至“文化大革命”爆发，我正式向学生讲授中共党史，成为一名中共党史课老师。

在这三年中，大约每月一次的全校时事报告，大都由我负责。那时姜校长告诉宣传部门，时事报告人的名单，除了他，还要把我的名字写上，如果他讲不了，便由我来讲。这是校领导对我的信任。地处偏僻边疆的农大，消息闭塞，而学校师生员工却对时事很关心。我一向对时事很有兴趣，看报已成为我的一种习惯，我对时事有一些背景资料的积累，再加上有自己的分析和见解，在此主客观条件下，我的时事报告每每受到师生们的欢迎和赞许。一场报告讲三小时左右，全场鸦雀无声，大家都聚精会神地听我的报告，使我很受感动，这是对我莫大的鼓励和鞭策，也给了我莫大的欣慰。与此同时，我还为学校教工民兵连讲授民兵理论课，实际上是讲授毛泽东军事思想，颇受他们的欢迎。

20 世纪 60 年代和女儿东东、珉珉在黑龙江八一农垦大学

1964 年 12 月，根据上级指示，学校派出一批师生参加农村社会主义教育运动（简称“社教”），姜校长指派我为参加八五〇农场社教分团的师生的带队人。这是在我刚被解除教研室兼负责人工作后，姜校长仍对我信任和器重的一种表示，也是对我的一种抚慰，其用心之良苦，我是深为感动和感激的。到分团报到后，我们随即被分配到各社教工作队（每个生产队都驻有一个工

作队)，我被派到驻第七生产队的工作队。运动初期，我主要负责宣讲中央有关社教的文件；到了后期，主要负责定案结案的工作，较多时间是负责该生产队东片点的社教。此外，我也用了一些时间和进驻其他队的农大师生联系沟通，以尽带队人之责。通过半年多的社教实践，我在政策水平和深入做群众工作的能力方面都有较大的提高。在和职工群众同吃、同住、同劳动的过程中，我从他们身上学到不少优良的品质和劳动技能，包括初步学会了开拖拉机。其间，东北农垦总局政治部主任蒋寿鹏曾到我们七队检查工作，当他听说我胃病较严重，即叫我乘他的小轿车到虎林县医院检查，对我关心备至。1965 年 6 月，我们顺利完成了社教任务，回到了学校。

1965 年春，妻子到鸡乐县参加农村社教约半年。这期间，两个小孩由我带，逢周末，我把她们从托儿所接回来住，到周一再把她们送去托儿所。有一天夜里，因墙外煤气通道口的瓷砖脱落，致使风倒进房里使我煤气中毒，头昏得很，此时天已亮，我急忙起来打开门窗通风，逃过了这一劫。

20 世纪 60 年代和女儿东东、珉珉在黑龙江八一农垦大学

在“文化大革命”初期

1966年6月初，随着北京大学的一张大字报和《人民日报》社论《横扫一切牛鬼蛇神》的发表，“文化大革命”的烈火立即燃遍全国。我们农大也不甘落后，一时间大字报铺天盖地贴满了教学大楼，矛头主要指向学校当权派。一些当权派为转移视线，则组织围攻一些所谓的“小牛鬼蛇神”。我是刚当上校“文化大革命”办公室主任许××的眼中钉，他和范××一道指示教研室贴出了题为“谢刚生是什么人”的长篇大字报，把以前几次对我的批判的许多不实内容再次上纲上线，扣上大帽子，导致以后一段时间我被打入另册，排除在“革命群众”之外。但是，学校大多数群众还是把矛头指向当权派，我也给许写了一张题为“我要摸老虎的屁股”的大字报（周副书记曾说过许是“老虎屁股摸不得”）。我这张大字报被李等认为是起了煽风点火的作用，并又给我贴了张“撕破谢刚生假革命的外衣”的大字报，却招来一些知情人（如教务处长郑亢行）贴出揭发学校主要领导如何包庇许，并为我抱不平的大字报。

不久，许、范等遭到群众批斗，并且“靠边站”。那时，我本可以对组织围攻我的人贴大字报，揭发他们是如何包庇许和迫害我的，但我没有这样做，而是等待他们觉悟，同时也有怕人家说我是泄私愤、落井下石的顾虑。后来的事实证明，我采取这样的态度是对的，范、张等都先后向我当面赔礼道歉，李甚至还痛哭流涕地向我认错，互相间的积怨由此化解。当然，也要指出，运动一开始我也做过一件错事，即也曾跟随范、李等违心地写过揭发批判郭蕴韬老师的大字报（郭是教研室第一个被贴出大字报遭围攻的人，然后才轮到我），我也应该向他道歉。

8月，全国刮起了“革命大串联”之风，我们学校也不例外。先是学生几乎倾巢而出，11月，我们教研室多数人也决定先乘火车到北京，然后再到韶山、井冈山和延安等革命圣地参观学习。那时的“革命大串联”是有车就乘，无须买票，车上人山人海，挤得水泄不通。各地机关、学校腾出办公室、教室作为接待站，免费提供食宿，大家睡地铺、吃食堂。我们到京后，住在农垦部机关。在等待毛主席接见的日子里，我们每天奔波于各大学和中央机关、北京市委机关之间看大字报，在临近毛主席接见的前几天则参加军训。11 月 26 日凌晨，负责军训的解放军同志叫醒我们，说毛主席今天要接见我们。我们随即从农垦部步行到中央广播电视大楼附近，等候毛主席乘车来检阅我们。一直等到下午三时许，终于看到了毛主席身穿军大衣，头戴单军帽，矫健地站在检阅车上徐徐来到我们面前，顿时大家都情不自禁地接连高呼“毛主席万岁”！而毛主席还特地回过头来向我们挥手致意，在毛主席和我的视线交织在一起的瞬间，我真是激动无比，感到太幸福了！之后，中央发出通知停止“革命大串联”，我们也就没有再到韶山等地，而是回到了学校。

1967 年 1 月，上海“夺权风暴”刮遍全国，我们学校各派群众组织在争夺一番后，也于 5 月间成立了校革委会，平静了一段时间。但到 8 月便卷进了密山县的派系武斗，还死了人，并一度引发“大逃亡”。从此，学校又陷于各派纷争之中，我这无派者自认为对各派都要一分为二地来看待，既肯定他们的正确方面，也指出他们存在的错误。我和各派中的“开明人士”都有接触，而且当面指出他们这派的不对之处，来积极推动“革命大联合”。我自封为所谓的“正确处理派”，实际上是“多面不讨好派”。各派都说我是“和稀泥”“老右”“空想社会主义者”，或者说我实际上是对立的那一派。尽管如此，我和各派中一些派系意识相对少的人士还是能经常交谈，互相都表示应积极推动“革命大联合”。在我们政治部，各派还曾要我主持推动“革命大联合”的学习班。我也经常向已无权威的校革委会主任刘西科（原校党委书记）提建议，希望他能在促进“大联合”和解放干部方面多做些工作（为此，曾被少数人误解，说我是“黑高参”），还不时向驻校军宣队反映情况、提出建议。总之，在各派纷争不断的岁月里，我为推动学校各派的“革命大联合”尽了自己的努力，没有半点私心杂念，是真诚地希望学校的局势能够尽快稳定下来。

1968 年下半年起，随着校革委会的改组，由解放军代表担任革委会主任，以后又有工宣队进驻，“革命大联合”工作取得了进展，学校进入了“斗批改”阶段。尽管有时还夹杂着一些派系斗争，但局势已趋于稳定，各项活动基本能正常进行。

在下放劳动和农大被撤销期间

1968年10月6日，毛主席发出最新指示："广大干部下放劳动，这对干部是一种重新学习的极好机会，除老弱病残者外，都应这样做。"学校随即掀起了申请下放劳动的热潮。我也是申请者之一，并于11月8日被批准。

我下放劳动的地点是校实习农场第一连，紧挨着校本部。一开始，我被安排到基建班上山打石头。这活大都是两人共同作业，一人双手抡锤，一人双手把钎。为打出一个较深的炮眼，往往要抡锤敲打上千次，既要有力抡起十几斤重的铁锤，又要对准钢钎重重地敲打，一不小心，就可能砸到把钎人。那时正是严冬，天寒地冻，遇到下雪后融化又结冰，使上山的路变得很滑，我经常滑倒摔跤，又加上患有胃病，一灌北风，便一路呕吐不止。到了石山上已是筋疲力尽，哪有力气抡起这十几斤重的铁锤？只好勉强地干起双手把钎的活。在石山打出若干个炮眼后，便往炮眼填入炸药，装上雷管，然后点燃导火索，把石山炸裂开来。有些炸裂开的较大的石头，还得再打炮眼，把它炸裂成若干小石块，之后便把这些石块运回连里作砌地基用。打石头这活干了三四个月，我们便盖起房子来了，我主要是干一些技术要求不高的活，如挖地基、递砖石、搅拌水泥等。房子盖好后，我调到农业班参加夏锄、秋收等劳动。

1969年3月，邻县宝清的珍宝岛发生了中苏边防部队交火事件（事后两年，我曾到宝清县凭吊过珍宝岛事件中牺牲的烈士），上级指示我们做好备战工作。我们在住地挖起地道和猫耳洞，学校又在偏僻的大珠山搞起三线建设，以备苏军一旦入侵可疏散到此躲避。为此，各家还预先自制了干粮，我还向学校借了一台较高级的小收音机，经常收听新闻广播，密切关注事态的发展。事后证明是虚惊一场。

1970年1月到8月，我调到养猪班，当上了猪倌，每天的任务是准备饲料、喂猪、清圈，天气好时出去放牧。在下放劳动的日子里，连里和学校都不时组织我们参加当时"文化大革命"部署的各项活动，称之为"抓革命，促生产""革命生产两不误"。

1970年9月，学校接获上级通知要办试点班，我被调回去参与制订教育

1968 年夏与英琪及女儿东东、珉珉在黑龙江八一农垦大学校园

计划，但不久又传来不办的消息。恰逢此时学校在抓“一打三反”运动，我便到了“一打三反”宣传队，主要工作是清查一些干部的经济问题。

1971 年 3 月，省里决定撤销农大，全校教工思想都不通，但也只能服从上级的决定。学校原有的三个系分散到黑龙江生产建设兵团的三个师去办学，我随农机系分到位于集贤县的第三师。当时，农机系和该师干训队合在一起，又相对保留自己的独立系统。由于干训队住房不足，加上又无教学任务，一些教工仍留守在农大，没有把家搬去。我基本上也算是留守人员，多数时间待在农大，和一些关心农大前途的教工一道为争取复办农大而积极活动。活动内容计有：给上级有关部门写报告，申述复办农大的理由；由与农垦部负责人熟悉的教工去京面陈复办理由；由分到三个师的前领导向该师领导力陈复办农大的必要，以求得他们的同情和支持。我也曾多次和分到兵团机关工作的原农大教工一起，到兵团分管教育的部门反映大家的意见。总之，在农大撤销那段时间，我为促使复办农大而到处奔波游说，可谓操碎了心。这种执着的努力，完全是被农大有必要继续办下去的信念驱动着。不少教工也经常主动找我通报情况或献计献策。几经努力，终于在 1972 年夏传来农大将很快复办的可靠消息。

我随农机系分到三师干训队，真正干的一点实事是参与该师所办的两期干部读书班。第一期是1972年六七月间举办的营级干部读书班，自始至终由该师政治部主任阎柏松（曾任沈阳军区宣传部长）主持。我第一次担任辅导列宁《国家与革命》一书的任务是颇为吃力的，因为以前未很好地学过该书，备课时间又很仓促，的确是“赶鸭子上架”。但经过我的努力，我的辅导发言还是获得了学员们和阎主任的肯定与赞赏，以至于本应由阎主任做的全书学习小结，他也要我来讲。第二期是1972年十一二月间在该师干训队举办的宣传干部读书班。早在9月间，我便接到阎主任的通知，要我到师部去研究办班计划，恰逢兵团已正式通知复办农大，我以此为由向阎主任提出不要给我分配任务，但他说不仅这期要抓我的差并加重我的任务，下期还想抓我，甚至还想把我留在该师。领导对我的信任使我难以拒绝，更何况农大复办才开始筹建领导班子，暂时没有我的任务，我便遵命来到师部。阎主任让招待所给我安排了一个较安静的房间备课，又嘱咐一同办班的两位科长关照我的生活，真是关心备至，使我很感动。我于12月初完成了这期读书班的任务，从而也为我在该师的工作画上较为完满的句号。1973年4月，农大已复办，分散到各师的教工都已回到农大，此时已担任三师副政委的阎柏松还数次给农大打电话，要我去为他们办的干部读书班担任辅导任务。因当时我在农大还有较重的办班任务，校领导没有同意我去，只好请阎副政委谅解。我一直很感激他对我的知遇之恩。

20世纪70年代全家和好友方丽君夫妇一家在黑龙江八一农垦大学合影

农大复办后至“文革”结束

农大复办后，我被正式任命为马列主义教研室副主任，我接受的第一个任务便是为兵团举办的团以上干部读书班辅导恩格斯的《费尔巴哈和德国古典哲学的终结》，同时接受辅导任务的还有我们教研室的另外两位老师。1973年1月接受此任务开始备课，我们感到很吃力。2月中旬，我们便到位于佳木斯的兵团总部履行辅导任务。主持读书班的兵团政治部段主任对我们的试讲颇不满意，甚至说领导与辅导员的斗争是“少讲与乱讲的斗争”，但他又不指出我们到底应该如何讲，使我们感到无所适从。我本来就对原著吃得不透，在三师曾受到欢迎的辅导方式又受到否定，段主任的原则要求束缚了我们的手脚，给了我们颇大的压力，这样辅导起来拘束得很，一点都不能展开来讲。我为这次辅导任务未能很好完成而感到内疚，尽管学员们没有提出太多的意见。辅导任务结束后，读书班要搞大批判，并指定这期读书班的学员姜校长在大批判会上发言。这样，我又担负起为姜校长起草大批判会发言稿的主要任务。3月下旬，兵团读书班结束，我才如释重负。回到学校后，又在校内办了两期干部读书班，一期是辅导《共产党宣言》，一期是辅导《国家与革命》，我承担了主要的辅导任务，获得了学员们的好评。

1973年六七月间，我到北京、天津、长春等地一些高等院校拜访马列主义教研室的同行们，请他们介绍政治理论课教学的经验体会，以资借鉴。在北京参观学习期间，我住在总后第一预校工作时期的同事王栋柯（当年他的职务是训练处长）家里，当时他已从部队转业到中国医学科学院抗菌素研究所任领导。他是工农干部出身，但酷爱学习，调离预校后，我和他一直保持着联系，这次到京受到他的热情接待。我们之间无所不谈，互相引为知己。他对我一贯的真诚关心，我是深为感激的。此次到京，一个偶然的机会，我还认识了原北京市委统战部副部长贺一平同志（当时尚未安排工作，在家赋闲）。那时，贺一平的儿子作为北京知青在我们兵团劳动，他嘱我给予关照。他的儿子先调到农大，后因是独生子，我帮其落实政策，调回北京。他们夫妇为此很感谢我，以后常有联系，并对我们家有不少关照，我小女儿生病到京治疗就住在他们家，我也很感激他们。粉碎“四人帮”后，贺任北京市民政局长兼市侨办主任。

1973 年 9 月，农大迎来了第一批工农兵学员。农大复办的第一年，我的教学任务可以说是满负荷甚至是超负荷。但这一年，我的住房问题却久久不能得到一视同仁的公正解决，很多教工都先后在校内安排了住房，而我还一直住在下放劳动时生产连队简陋的房子里，给我的工作和生活带来了不便，以至影响了正常的工作和生活。我曾经为此愤愤不平，很伤心，很委屈。我觉得无论从哪方面来说，我都对得起农大，特别是在农大被撤销的日子里，我为复办农大呕心沥血，农大复办后我却被一些领导所遗忘，在住房问题上甚至受到歧视，这实在太不公平了。

20 世纪 70 年代在黑龙江八一农垦大学

1974 年，全国都在批林批孔、评法批儒，我在学校也跟风承担了这方面的辅导任务，还办了几期学习马克思《哥达纲领批判》的读书班。这一年，农大大张旗鼓地到各农场开门办学，我多次被邀请到办学点为学员和当地干部职工做辅导或时事报告，其中有两次给我留下了深刻的印象。

一次是到八五四农场（时称“三十八团”），出发的前一天晚上我胃病发作，早晨起来一点精神都没有，连路都走不动，但时间已约定，我也想借此分散胃痛的注意力，便跌跌撞撞地到车站乘火车。到了办学点，即抱病做时事报告。这个情况被一位连队指导员知道后，他特地来看我，问我是什么病，我告诉他是十二指肠球部溃疡。他随即说他也得过此病，有人告诉他一个偏方，吃好了。这个偏方是服用痢特灵和维生素 B6，每日服三次，每次各两片，饭后半小时服，疗程为两周。说完他便到卫生员处取了仅剩的刚够六天剂量的药给我。说也奇怪，当六天剂量的药服完后，我的胃痛从此再没有发作过，折磨了我近二十年的病竟从此痊愈了。后来，我曾把这偏方介绍给多位得此病的人服用，也都奇迹般地好了。这是我在开门办学中的一个意外的大收获。

20 世纪 70 年代在黑龙江八一农垦大学

20 世纪 70 年代在黑龙江八一农垦大学

另一次是到八五二农场（时称“二十团”）办学点讲课，两位在场部工作的原农大农管系学员（曾在农大听过我的时事报告）得悉我要来，便请场领导出面，非要我向场部及其直属单位的干部职工做一次时事报告。在此之前，我在农大做过学习毛主席关于三个世界划分的时事报告，但这次来我没有带这个报告稿，推又推不掉，只好凭记忆来讲了。那天，场部可坐一千多人的大礼堂座无虚席，在我无稿做报告的近三个小时中，全场鸦雀无声，一个个全神贯注地听我讲。报告完后，全场报以热烈的掌声。此情此景，让我深为感动，久久不能忘怀。报告完后，回到招待所休息，所长说我的报告很精彩，特地免票卖给我几盒凭票供应的香烟。此次到八五二农场，我还挑选了一位北京知青侯怀英到农大，培养其任政治课教师。后来，侯返城回到北京，经多年拼搏，事业有成，在北京香山购置了幢别墅，过上了舒适富足的生活。

1975 年 1 月，学校组织到红极一时的“教育革命典型”辽宁朝阳农学院（简称“朝农”）参观学习，我也去了。我们到达朝阳农学院时，首先映入眼帘的是后山用石头镶嵌的“誓叫农大变共大”几个大字，而师生大部分都到农村去上“阶级斗争”这门主课了，校舍多被前来参观的各地高校教工住着，学校显得有些荒凉。我们听取了朝阳农学院有关负责人的办学经验介绍。留下较深刻印象的，一是很强调“农大毕业当农民好”，二是农大要面向农民招生。这位负责人举了一个例子，说有位老贫农，已近五十岁，他姓王，人们叫他“王大学”。因为他说过这么一句话：“什么叫大学？就是大家都来学。”“王大学”之名由此而来。现在听起来，令人哭笑不得。

1975 年 9 月至 1976 年 1 月，我们为兵团各师举办了一期理论骨干培训班，学员大多是来自京、沪、杭、哈等大城市的知识青年。我几乎是全力以赴地承担了这个班的组织领导和部分辅导任务。学习结束后，我们挑选了几位比较优秀的学员留校担任政治课教师（这也是我们办这个班的目的之一），其中有两位是我比较赏识的。后来，他们通过自己的努力都学业有成，干出了一番事业，在自己的工作岗位上作出了比较突出的贡献。第一位是北京知青饶戈平，后来他考上北京大学的研究生并留校任教，到二十一世纪初他已是颇有名望的北京大学国际法研究所所长、教授、博士生导师。第二位是曾小彬，哈尔滨知青，后来考上湖北大学的研究生，现在是广东财经大学的副院长、教授。饶戈平曾两次来广州看望我，称我为“恩师”，说如果不是那时我挑选他留在农大，给他创造条件使他得以继续深造，就没有他今日的成就。这话当然言过其实，他们的成就完全是他们自己努力的结果，我只不过为他们今后的发展起了一点引导的作用。该班学员经我挑选留在农大的，还有贺冰、方竹兰，他们也都各有所成：前者现在是全国总工会宣教部副部长，工人日报社副社长、党委书记；后者是中国人民大学教授、博士生导师。

1976年八九月间，为政治课教学取经，我从北到南转了一圈，在北京去了北京大学、清华大学，在南昌去了江西省委党校和江西共产主义劳动大学，在广州去了华南师范大学，在上海去了复旦大学和华东师范大学，听取了这些院校的政治课教学经验介绍，并索取了一些教材和教学参考资料。在北京，我还顺便去看望了在中联部任亚洲局局长的何锡全，他对耀崇哥在“文化大革命”中受到的冲击很关心，建议我途经株洲时去看看当时中大地下党领导学运的五人小组的其他三位成员——张犀文、胡兆瑞、潘明丽（均在株洲工作），向他们告知我哥哥的近况，并取得他们的关心和帮助，我按他的建议去做了。到株洲后，我又顺便去韶山参观了毛主席故居。在从广州到上海时，我绕道前往福建省武平县岩前公社看望了下放在此劳动的耀崇哥，转达了老战友对他的关心，又就近去参观了位于上杭县的古田会议旧址。到上海时，正好我认识的黑龙江作家林予同志在上海电影制片厂搞创作，我在他那里住了几天，并在其住处认识了前来看望他的《红日》作者吴强同志。

从农大复办到“文化大革命”结束这段时间，我所承担的教学和宣讲任务都是现学现卖，几乎成了政治宣传教育的“万金油”，备课、辅导、宣讲都是疲于奔命。读点马列的书是对的，也是有益的，但令人遗憾的是这些政治宣传教育中有不少内容是当时极“左”思潮的产物，我为我当时这种在一定程度上的盲从紧跟而深感内疚和自责。

20世纪70年代回福建省武平县看望正在下放的耀崇哥

拨乱反正和南调艰辛历程

1976年10月，党中央一举粉碎“四人帮”，全国各条战线都在大力拨乱反正，掀起了思想解放的高潮，我们思想理论战线再次一马当先。

在粉碎“四人帮”之前的很长一段时间里，尽管我对某些“左”的思潮曾有过怀疑甚至抵制，自己还是“左”的思潮的受害者，但总的来看，由于个人的患得患失，我还是盲从紧跟的，因此也有不少错误言行。粉碎“四人帮”，也就在客观上粉碎了套在自己头上的“左”的精神枷锁，在许多问题上进行了自我反思。1977年，我积极投入揭批“四人帮”的工作：一是在敬爱的周总理逝世一周年的时候，我组织教研室的同志出了一期纪念专刊，一方面缅怀周总理的丰功伟绩和高风亮节，一方面痛批“四人帮”对周总理的无耻造谣和残酷迫害；二是为学校师生员工做过多次辅导发言，较系统地清除“四人帮”在思想理论方面的流毒；三是在学校召开的各种会议上，联系学校的实际，积极大胆地发言，对过去那套“左”的东西进行分析批判。

1978年10月，我到北京参加第四次按劳分配问题讨论会，顺便在京拜会了一些领导和亲友。这是粉碎“四人帮”后我第一次到京，深深感受到思想解放在各方面带来的巨大变化，特别是大家都能做到畅所欲言、各抒己见，一反长期以来人们欲言又止的那种压抑、沉闷的气氛。于光远等经济学家在讨论会上做了精彩的报告，我听后深受启发。

在京期间，我先是住在月坛北街贺一平同志家里，刚好我认识的黑龙江作家林予同志正住在月坛南街一招待所，为八一电影制片厂编写剧本《奸细》，便邀我和他住在一起。当时，他写的《孔雀飞到阿瓦山》剧本刚由峨眉电影制片厂拍成电影，送国务院文化部审查。该片导演张其随行，该片主题歌词作者、诗人公刘也来了，我们都住在一起。一天，接文化部电影局通知，让他们一块去审查该片，我正好无事，也被他们拉去参加。主持审片的是电影局局长张骏祥同志，他一开始就对参加审片的云南四大才子中的三位才子林予、公刘、彭荆风的到来表示热烈欢迎（林予等三人均是随陈赓兵团解放云南并在云南成名的）。他那平易近人、谈吐幽默的风格，给我留下了良好的印象。在这段时间，公刘向我谈起了他1957年被打成右派的起因和正在申诉平反的情况。平反后，他调到安徽任省文联主席；而林予后来当上了哈尔滨市文联主席。在京时，我还去看望了中联部的两位局长陈杰夫（农大一位学员的父亲）、何锡全同志，他们和我谈了正在召开的中央工作会议将要讨论的问题和当前国内外形势，我听了很受教育和鼓舞。

关于我工作南调之事，说起来话长。起因主要是小女儿谢青的病，1972年12月，她出生才九个月就得了喘息性肺炎，之后发展为哮喘，并不断发作，医生借电影《永不消逝的电波》之名，说她肺部有“永不消逝的啰音”，打针打得整个屁股都是硬结，很难找到较松软的肌肉来注射。医生们认为，东北严寒的气候不利于对此病的治疗和康复，建议改变环境，易地治疗。作为父母的我们，为她的病可谓操尽了心，要花很多时间来照顾她，以致严重影响了工作，且使我们在经济上不堪重负。为此，1974年我向校领导提出了南调的请求。由于当时学校刚复办不久，工作上离不开，得到的答复是过两年再考虑。

20世纪70年代与小女儿青青在黑龙江八一农垦大学

1977 年 6 月，我收到过去的老领导饶璜湘同志从广州的来信，说他找了时任广东省副省长兼省委党校校长李嘉人同志谈了我的工作调动问题，李同意我到广东省委党校工作。不久，农大组织部门便收到了商调函，但对我封锁了两个月才告诉我此消息，并说校领导不同意我南调。1978 年初，饶璜湘又来信告诉我，华南师范大学已发函来商调我，但再一次被农大压住不理。1978 年夏，广州暨南大学（简称“暨大”）复办，急需从全国选调一批骨干教师，我在暨大工作的老战友刘哲之向暨大推荐了我，告诉我只要我们学校同意放人，暨大是肯定要的。这一年，是我思想波动较大的一年。随着小女儿病情的加重，我请求南调的心情也越发紧迫，而学校领导却迟迟不予考虑，使得我心绪不宁，工作上的积极性、主动性自然也受到影响，以致发展到在 12 月我第一次向我一直敬重的姜校长（此时已改任党委书记）发起“火”来。

情况是这样的：经过这一年我不断的据理力争、据情力争，已得到组织部门和诸多同志的同情与关心，组织部长告诉我，放我走基本没问题。没想到姜书记随即在校常委会议上定调子，说现在一个也不能放。这完全出乎我的意料，又恰好他马上要去北京开会一段时间，我急着想要他在去京开会前讨论决定我南调之事。可是，当我找到他再提南调一事时，他竟以没时间为由不跟我谈。这太伤我的心了，我情绪激动地和他理论起来，甚至说出了这样的话：“如果我的小女儿出了事，你要负责！”由于我的嗓门较高，隔壁办公室的夏副校长以为我们在吵架，立即过来劝阻我。这一次，我几乎把心中积累下来的对他的意见都说出来了。据后来他的妻子侯仙芝同志告诉我，那次“理论”后他回到家躺在炕上，盯着天花板，一再重复地自言自语：“没想到谢刚生会这样。”可见，我这次发“火”确实震动了他，他开始认真考虑我的南调请求。

进入 1979 年，为南调一事我已心急如焚。1 月，暨大正式来了商调函；2 月，刘哲之来信告诉我，暨大已将要选调的外省老师名单（其中有我）报中组部审批，并请中组部转达各省。这表明我现在南调的关键是农大同意放我，并报省审批。我紧锣密鼓地找到校领导和组织部门，要求抓紧讨论决定我南调一事，许多关心我的同志也找校领导为我说情。终于，在 2 月 12 日这天学校召开的各部（处、系）领导干部会议上专题研究如何做好照顾个别、稳定大多数的工作问题。会议一开始，姜书记就提到我，说像我这样的情况，的确应该照顾。这是他第一次对我南调一事明确表态，顿时使我充满了希望。可是，会开完后并没有立即行动起来，“应该照顾”不等于已经同意放我，还需党委常委会讨论决定。一直等到 4 月 7 日，常委终于开会，正式决定同意我南调。我通过了这最关键的第一关。

当时，由于我属省管干部（处级），还得报省委授权代管的省国营农场管理总局批准，才能发出我的档案（我的档案在总局），这是第二关。于是，我又拜托一些同志帮我向总局领导和组织部门说项，请求尽快审批。

5 月，总局同意了学校的意见，并报最后一关——省组织人事部门审批。为此，我又拜托在哈尔滨工作的一些同志前往帮我催促。8 月，暨大派人到黑龙江省商调我们这批教师，我得悉后，趁省文教办在哈尔滨举办省高校政治课教师讲习班的机会，到哈尔滨约见了暨大来人，他亲自到位于佳木斯的总局要了我的档案发到暨大。这样，我这边该办的手续总算办妥了，就等暨大发来调令了。

真是好事多磨。我们的档案发到暨大后，由于暨大对我爱人的工作安排感到为难，致使调令迟迟未能发出。11 月，我接到饶璜湘的来信，告知我华南师范大学承办全国中共党史人物讨论会，建议我争取参加，顺便落实南调的问题。农大领导关心地同意我赴会。途经北京时，我到中联部看望何锡全同志，他对我南调一事也很关心，主动为我给暨大副校长王越同志（王是何在中大就读时的老师，又是同乡）写信让我带去面交，请他多加关照。到广州后，会议代表被安排在矿泉宾馆食宿，开了 16 天。会议开幕那天，杨尚昆、何长工等领导到会讲话，会议结束那天，广东省委领导习仲勋、杨尚昆等同志还特地在省委接见了我们代表。

会议期间和会后，我为落实南调暨大事宜进行了活动。我爱人的工作最后是饶璜湘同志出面解决的，安排在华南师范大学图书馆，他还特地带我去见了暨大党委书记、第一副校长李云杨同志，正好暨大人事处的莫世全同志也在请示工作，李书记当面交代他立即办理我们的调动手续。

1980 年准备南调前和同事留影

1980 年 1 月底，农大收到由黑龙江省委组织部转来的广东省委组织部发来的调令，南调事终于大功告成。在此，我要衷心地感谢所有关心、帮助我实现南调的领导和同志们，太谢谢你们了。

1980 年 3 月 28 日，我告别了生活、战斗了 22 年的北大荒，启程南行，很多同志前来送行。想到真的要告别北大荒这块土地和长期一同生活战斗的同志们，我又深深感到依依不舍。毕竟，我把人生中最宝贵的 22 个春秋贡献给了北大荒，为开发建设北大荒尽了自己的努力；毕竟，我和长期在北大荒共同生活战斗的同志们建立了深厚的感情。再见吧，北大荒，祝你好运！再见吧，亲爱的战友们，祝你们好运！

1980 年 1 月离开黑龙江八一农垦大学前与教研室同事合影

在暨南大学工作的岁月

1980 年 4 月，我到广州暨南大学报到，开始了我在暨大工作的岁月。

暨大的前身是清政府于 1906 年在南京创办的暨南学堂。1927 年，学校由南京迁至上海，并改组为国立暨南大学。新中国成立初期全国高校进行院系调整，暨大被合并到其他学校而不复存在。1958 年，中央决定在广州复办暨大，主要面向海外侨胞、港澳台同胞招生，第一任校长由时任广东省委第一书记的陶铸兼任。“文化大革命”期间，暨大被撤销。1978 年再次复办，广东省领导杨康华、梁灵光先后兼任校长。暨大校园美如花园，环境幽雅，师资力量雄厚，聚集了不少全国知名专家学者，更逢改革开放，让暨大充满活力、生机盎然，能在条件这样好的名校工作，我是感到很荣幸的。

1981 年全家福，从左至右分别为大女儿东东、二女儿珉珉、妻子英琪、小女儿青青及我

一、专心中共党史教学和充实自己的两年

来到暨大的头两年，我难得能专心从事中共党史的教学工作。当时，学生大多对这门课不感兴趣，“文化大革命”中被搞乱的是非需要澄清，现实生活中出现的新情况、新问题需要回答，这些都大大增加了教学的难度，加上十几年没讲这门课，内容上又增加了“社会主义时期”，备课任务是很艰巨的。我这期间参加的一些活动，大多也是为了备好课、讲好课。

20 世纪 80 年代全家福

1980 年七八月间，我到北京参加了全国中共党史研究会成立大会暨学术讨论会。会议期间，我聆听了冯文彬、于光远、廖盖隆、胡华等同志的报告，深受启发；还参观了毛主席在中南海的故居，很受教育。会议结束时，研究会顾问李维汉、舒同等同志接见了我们代表并合影留念。

1981 年 6 月，我参加了广东省中共党史学术讨论会暨省中共党史学会成立大会，不少领导和专家与会做报告、发言，我还作为暨大代表被推荐为该届学会的常务理事。以后我还多次参加理事会，主要是听取有关领导和其他理事对党史问题的发言以充实自己，但我这个常务理事并未为学会做过什么工作，这是很惭愧的。1981 年 8 月，我到北京参加了全国党史讨论会（又称“讲习班”），邓力群同志就学习中央《关于建国以来党的若干历史问题的决

议》中提出的问题做了两个上午的报告，讲得较具体（不少史实我是第一次听说），分析也很精辟，我深受启发，这是一个很解决问题的报告。李强同志为我们讲了他亲历的上海白区的特科工作，他当时已 76 岁，记忆力仍很好。谭震林同志在闭幕式上为我们讲了井冈山的革命斗争和“文化大革命”中所谓“二月逆流”问题，都是他经历的往事，很吸引人，我们都觉得他讲得太少了，但受时间的限制，他没能讲很多。萧克同志讲了中央苏区的一些问题。廖盖隆、胡华、邵华泽等同志也在会上发了言。总之，参加这为期 10 天、内容极为丰富的会议，我收获了很多，对我备好、讲好党史课非常有帮助。

我回校后，广州市郊区教育局领导要我为他们做一次学习《关于建国以来党的若干历史问题的决议》的辅导报告，实际上是我参加上述会议的一些心得体会的汇报。那天来听讲的大约有六百人，大多是中小学校的领导和骨干教师，分三个会场，我一口气讲了三个小时。讲完后，孙局长对我说：“听讲的同志这么安静，尽管三小时没有休息，天气又热，还那么专心听讲，说明大家对你的报告是比较满意的。”

1982 年 11 月，我和教研组其他三名教师到仁化和梅县进行为期半个月的农村调查，主要是了解党的十一届三中全会以来农村实行“大包干”（家庭联产承包责任制）的具体做法和由此带来的变化。此次调查，得到了两县县委的大力支持和关照，派了专人陪同我们一道深入农村基层，访问了不少当地的农村干部和农户，实地考察了他们承包的农副业（如梅县雁阳公社谢氏兄弟承包的自行车零件厂和白渡公社的“沙田柚大王”谢德昌）。他们一致称赞党的“大包干”政策好，使他们逐步走上了富裕的道路。回校后，由我主要执笔写了《“大包干”带来农村面貌大变化》的调查报告，在省高校政治理论课教学研究会办的《学术情报资料》上发表。应该说这份报告是有一定分量的，它真实、生动地反映了我们党是如何顺应农民心意，制定实施“大包干”政策的具体历程和由此带来的农民生产积极性的极大提高与农村面貌的极大变化。这份报告原本可以送到正式的刊物上发表，以扩大影响，但那时我却有点自卑，不敢登“大雅之堂”。

上述活动，对于我充实、丰富党史教学的内容，增强其说服力、感染力极有帮助。

1982 年 3 月，暨大授予我“先进工作者”的称号，对我两年来的教学工作予以肯定，我却感到受之有愧。因为，我在教学工作中还有许多不足之处，如在提高这门课的吸引力方面就做得不够，深入细致地做学生的思想工作也较少，以致未能从根本上改变多数同学对这门课的看法。

20 世纪 80 年代与妻子英琪在广州

20 世纪 80 年代与妻子英琪在暨南大学校园

二、"双肩挑"和此期间参与的多项活动

1982年10月，因时任马列主义教研室党支部书记的张因林同志调经济学院任党委书记，我们教研室党支部进行改选，没想到我被选为支部书记接替张因林。说实在的，那时我只想一心从事教学，不愿再兼任党政职务。因为过去我长期"双肩挑"，对我的教学特别是科研工作颇有影响，毕竟精力有限。可是，既已被选上，又经党组织批准任命，不能不服从。1984年，马列主义教研室扩充为社会科学部，室党支部也扩充为部党总支，我又连续两届被选举和任命为党总支书记，直到1988年，实在是勉为其难。

其间，1984年6月，组织上欲调我到新闻系任党总支书记，我因舍不得放弃教学而未同意；后来又要调我到党委宣传部主持工作，我还是因不愿放弃教学而未同意；1986年6月，组织上要我到党委宣传部任部长，我仍坚持要以教学为主，使组织感到为难，最终同意我仍留在教学岗位上。上述情况说明了我没能在思想上处理好"双肩挑"的关系，总是对教学工作情有独钟、有所倾斜。而在实际工作中，也确实是有点顾此失彼。相对来说，我用在教学工作的时间较多，客观上这些年教学任务也较重。教学是硬任务，是必须按质按量完成的；而党总支书记的工作，除规章制度上必须做的外，其他思想政治工作较有弹性，做多做少可灵活掌握——教学任务不重时可多做些，教学任务重时可少做些。总的来说，我用在做党总支书记工作的时间和精力，比用在教学工作上的显然要少。因此，如果说我的教学工作还差强人意的话，我作为党总支书记的工作是不能令人满意的。这个"双肩挑"没能挑好，我感到内疚，应该自责。

关于"双肩挑"与评职称的关系问题，我这里想多说几句。1982年底马列主义教研室评职称时，我曾被评为副教授，但送上级部门审批时，却未被通过，主要原因是没有在正式报刊上发表过科研论文，而这都是由于"双肩挑"使我难以抽出时间和精力来搞科研造成的。为了能评上高级职称，经过一段时间的思考，我废寝忘食地于1984年10月写出一篇万余字的《"左比右好"的理论剖析》。论文写好后，分送《暨南学报》和《广东社会科学》两家杂志，两家刊物的编辑都认为该文颇有新意，可以发表。因《暨南学报》于1985年第1期先刊登发表，后者便只好放弃。该文后来还被中国人民大学报刊复印资料的《中国共产党》收录刊发。

主要是由于有了这篇论文的发表，1985年5月再次评职称时，我顺利被评为副教授，随后又被聘为副教授。不过，我对在教学单位评职称时过于强

20 世纪 80 年代在暨南大学苏州苑的家

调科研论文是有看法的。在我看来，在教学单位应该主要强调教学水平和教学业绩，以引导教师把更多精力用在教学工作和提高教学水平上，而科研单位才应该主要强调科研论文，这才是从实际出发而各有偏重。1987 年 10 月，我被广东省高等学校教师高级职称评委会聘为政治思想教育专科评议组成员时，对送审的政工干部的材料就没有过分强调论文，其中有的人几年后还被评为教授。而我自己则因为以后发表的论文很少（尽管我的教学任务重，且颇得好评），一直没有被评为教授（我参加编写的《广东人民武装斗争史》是我离休后才出版的），对此，我颇感遗憾。

在“双肩挑”期间，我参与的活动主要有：

（1）1984 年 8 月，我代表暨大到云南招生，招生地点在著名的云烟产地玉溪。招生工作前后，云南省招生办曾组织我们到昆明西山登龙门、凭吊聂耳墓、观赏滇池风光，又组织我们到云南路南参观游览天下第一奇观——石林。

（2）1985 年 5 月的成渝之行。到重庆是因为当时我们想写篇评价侨领胡文虎的文章，特地去拜访住在重庆的原重庆永安堂经理胡万里和原西安永安堂经理胡锦多这两位知情人。到成都是受学校人事处之托，到华西医科大学和四川财经学院商调毕业生来暨大任教。此行顺便游览了杜甫草堂、望江公园和武侯祠。在重庆，参观了红岩、周公馆和毛主席到重庆谈判时下榻办公的张治中公馆（桂园），还到渣滓洞、白公馆、歌乐山去凭吊革命烈士。返程

20 世纪 80 年代与钟南安在重庆调研

从重庆乘船，沿江而下到武汉。船过瞿塘峡时，确有“峰与天关接，舟从地窟行”（清朝诗人何明礼诗句）之感。看到白帝庙，不禁吟起李白的诗句——“朝辞白帝彩云间，千里江陵一日还。两岸猿声啼不住，轻舟已过万重山”。经巫峡，看到屹立在两岸的巫山十二峰，确实雄伟壮观，但我只认出神女峰。过了西陵峡，看到了壮观的葛洲坝水利枢纽工程。到了武汉，我们住在武汉大学招待所，参观了党的五大会址、武昌起义纪念馆，游览了黄鹤楼和东湖公园。

（3）代表暨大先后两次到福建招生。一次是 1982 年 8 月前往南平市招生，途经福州时顺便看望了二哥耀崇一家和大嫂慧文一家。一次是 1985 年 8 月到漳州市，招生地点在中国女排的摇篮——漳州体育训练基地。招生工作结束后，我顺路到龙岩地委统战部索取了一些有关胡文虎的资料，并到永定访问了曾在胡氏星系报工作过的曾建平和罗铁贤，为的还是想写评价胡文虎的文章。遗憾的是因为感到很难在材料、观点上超越已有的研究成果，最终未能成文。此行我还顺便回到了阔别三十多年的家乡，落实了对父亲的平反昭雪，拜祭了父母墓地，告慰了父母的在天之灵。

（4）1986 年 8 月，代表暨大到广西南宁招生，还顺便看望了三十多年未见面的赵全同志。

（5）1988 年 7 月，参加了江门市社会主义初级阶段与侨乡经济发展问题研讨会，我宣读了论文《发挥侨乡优势与侨乡干部的观念更新》，此文后在 1988 年 10 月出版的《暨南学报》增刊上发表。

1982 年携小女儿青青回福州探亲

三、空前繁重的教学任务

从 1986 年到 1995 年，我除了为本科生讲授“中国革命史”“中华人民共和国史”外，还为校内外举办的各种培训班（含学历班）开设了多门课程，除“人事管理学”已有教材外，其余均是由我来拟订讲授内容或编写讲授提纲发给学员，备课任务异常艰巨，教学班级遍布省内各地。虽然为了备课、讲课疲于奔命，但由于能使自己多学到一些知识，讲课又多受到欢迎，我还是颇感欣慰的。

1986 年至 1989 年间，暨大受国务院侨办的委托，先后开办了四期侨务干部培训班，我为这些班开设了“统战理论政策讲座”和“侨务统战工作研究”课程，此外，还为文学院举办的侨务外事大专班讲授“侨务外事工作”。

1986 年末，社科部创办行政管理专业，要开设“人事管理学”这门课程。当时正好国家劳动人事部委托中国人民大学劳动人事学院在天津办了一个为期一个月的人事管理学研讨班，我去参加了这个研讨班。没想到，参加这个研讨班使我有了意外的大收获，这就是我从 1987 年 1 月 1 日起彻底戒掉了已有三十年的烟瘾（此前曾有两次失败的戒烟经历）。这次彻底戒烟有些偶然的因素：一是当时我正患牙疾，不想抽烟；二是正逢新年伊始，同住一起的学友劝我趁此有纪念意义的日子赶快戒烟；三是那时我吸烟和执笔写东西建立了条件反射，一提笔便想要抽烟，否则写不出东西，而在研讨班不用写什么东西，这就为戒烟创造了条件。

1989 年在汕头出差，与邱汉芳合影

20 世纪 90 年代与教研室同事调研

20 世纪 90 年代与教研室同事调研

20 世纪 90 年代与教研室同事调研

参加完研讨班返校，讲授“人事管理学”就成了我此后几年主要的教学任务：

一是为暨大举办的各种大专班、专业证书班（其中有在顺德、佛山、阳江、韶关等市举办的）讲授“人事管理学”。

二是广东省广播电视大学首次开设的人事管理专业班，经我系统辅导“人事管理学”课程的有省广电大直属班（我还为该班辅导“外国人事制度”）和江门、佛山广电大班，只做一次或几次辅导报告的有湛江、汕头和海口的广电大班。

三是为广东省行政学院举办的各级政府人事局干部岗位培训班辅导“人事管理学”，由我承担的有省人事局和河源、梅州、肇庆市人事局的岗位培训班。为这些专门从事人事管理工作的干部讲课，我的确有点诚惶诚恐，因为我是门外汉，刚刚学了一点知识就班门弄斧，确实有点不知天高地厚，特别是为省人事局干部辅导（他们中有些人还是《人事管理学教程》这本书的编撰者），我推辞了几次，但他们说在参与辅导者中相对来说我的辅导较能获得好评，所以还是坚持要我来辅导。

四是为其他单位举办的各种班讲授“人事管理学”。有省行政学院在湛江举办的行政管理专业证书班，广州市财贸管理干部学院举办的行政（人事）管理专业证书班，江门市委党校和珠海市人事局举办的四期人事干部培训班，广州市纺织工业职工大学举办的三期人事干部岗位培训班，天河区举办的两期人事干部岗位培训班，广州铁路局举办的四期人事干部培训班。此外，还为佛山市人事局、海珠区人事局和省工商银行人事处各做过一次辅导报告。

20世纪90年代与邝邦杰合影

20 世纪 90 年代与教研室同事在连南瑶族自治县调研

1992 年与教研室同事在广东连南瑶族自治县调研

1989 年至 1992 年，我为广东省社会科学研究院举办的四期研讨班（参加者多为省外的各类领导干部）开设题为“改革开放与领导者的观念更新”的专题讲座，颇受好评。

从 1993 年起，我主要讲授邓小平的中国特色社会主义理论，讲授对象有广东省司法厅及其所属单位举办的干部培训班。先是讲一些专题，后则作为一门课来系统讲授（当时已有教材）。还为广州市文化局、天河区工商管理局举办的多期干部岗位培训班开设讲座。

总之，在我离休前后这些年，是我教学任务空前繁重的岁月，也是我为党的教育事业尽力最多的岁月，授课对象达数千人次，足迹遍及大半个广东省，这是我晚年的一大安慰。

四、参加编写《广东人民武装斗争史》

1986 年，包括我在内的社科部的几位教师接受了广东省军区交给的编写《广东人民武装斗争史（解放战争时期）》的任务。

1987 年 4 月，我们应邀参加了在湛江举行的“粤桂边区党委及其领导下的武装斗争讨论会”，听取了有关当事人介绍的斗争情况。湛江市党史办给我们送来粤桂边纵队的一些史料，还带领我们参观了当年南路特委和香港分局在湛交通站的旧址。讨论会结束后，我们前往海口市海南区党史办（当时海南尚未建省，仍归广东省管辖）。原琼崖纵队副司令员马白山向我们介绍了当年琼纵斗争的一些情况，还给我们送来了当年一些战役的地图和他写的回忆录《血染天涯》。海南区党史办也给了我们不少琼纵的史料，并派人陪我们到儋县白马井——解放军渡海先锋营登陆处，找来当年的船工为我们讲登陆的情况，又到第四野战军第四十军主力登陆处临高角看了当年的战场，还找了当年琼纵接应的营长领我们到高山岭走访旧战场。这次海南之行，我们顺便在海口参观游览了海瑞墓、五公祠和琼台书院，并去瞻仰了新建不久的李硕勋烈士纪念碑，又到三亚市游览了天涯海角和鹿回头。

1988 年六七月间，为了解闽粤赣边纵队的斗争历史，省军区战史办组织我们到梅州市党史办搜集了一些史料，并请他们陪同我们参观了当年丙村、宝坑战斗的现场，听取当事人的介绍；又到蕉岭县听当地党史办介绍解放蕉岭的战斗经过；还到大埔县观看了当年解放湖寮的战斗现场；再到潮州、汕头、普宁等地党史办搜集史料，听他们介绍闽粤赣边纵第二、四支队的斗争情况。

1989 年 5 月，我到汕头参加了闽粤赣边纵队史审稿会议，与会者都是当

1987 年在海南岛

年边纵队的团以上干部（约一百六十人），可谓盛况空前。我有幸聆听了他们热烈、中肯、精辟的发言，深受启发教育。之后，我还参加了该边纵史的规模较小的定稿会。

上述活动，为我们的编写工作打下了较好的基础。与此同时，我们还多次到省档案馆和广州军区档案室查阅有关资料。

在做了大量前期准备工作的基础上，我们编写组进行了分工。我负责编写的是《广东人民武装斗争史（解放战争时期）》的第四章第三节“粤东、琼崖地区斗争的曲折发展”、第五章第一节“中央军委解放华南的作战方针和部署华南分局赣州会议”和第四节“配合野战军解放海南岛”，同时负责编写该书“大事记”的上述有关部分，两者合计约有六万字。

编写从 1990 年正式开始，于 1991 年写出初稿，经多次讨论，几经修改，最终于 1995 年 10 月由广东人民出版社正式出版发行，从而完成了我教学生涯中唯一的一次写书的任务。

离休生活

1991 年，我经组织批准离休，但直到 1995 年前，我还担负着一些教学任务，处于半离休的状态。1996 年后，我才真正过上悠闲的离休生活。虽然其间曾被暨大党委聘为学校关心下一代工作委员会的委员，但我并没有做多少工作，很是惭愧。

对于我来说，过上离休生活的主要标志，是从 1996 年起我参加了由离退休人员组成的网球组，一般每天早晨打上一两个小时的网球，大家有说有笑，又能强身健体，对身心健康十分有益，也是一天中感到最开心的时候。坚持打网球，已经成为我离休生活不可或缺的内容。谈起打网球，我还得感谢赵荣桂同志，是他主动向老干处申请经费为我买了个网球拍，又特地安排时间教我，还陪我练习。盛情难却，我开始学打网球，从此一发不可收拾，就像上了瘾一样，坚持至今。

除了打网球，我的日常生活通常是这样安排的：上午主要是看报、看书，下午则主要是上网浏览新闻，而晚上则是在看电视新闻或文艺节目中度过的。从早到晚，无论是看报、看电视、上网，我仍然保持了长期养成的关心国内外大事的习惯。

此外，我也常与女儿们聚聚。日子过得很平淡，却也很充实，很踏实。

网球比赛

和赵荣桂同志一起打网球

网球比赛

网球比赛

网球比赛

网球比赛

网球比赛

网球比赛

网球比赛

时光·掠影

20 世纪 80 年代与侄女谢琳琳、小女儿青青在广州白云山留影

20 世纪 80 年代与侄女谢琳琳夫妇合影

20 世纪 90 年代与英琪、二女儿珉珉在苏州苑家中

20 世纪 90 年代与黑龙江老邻居林浪夫妇在广州家中

1995 年为杜敦侠、方丽君夫妇赴美饯行

1995 年与英琪在暨南大学明湖边

与英琪摄于 1995 年

1997 年英琪的学生从上海来看望我们

20 世纪 90 年代初全家福

1998 年 6 月 17 日全家福

2014 年与女儿和老朋友林浪一家及殷立新合影

与在广州的老战友合影

在顺德清晖园

“东北人”，好胃口

2015 年 85 岁生日和女儿在一起

2016 年和女儿在“鼎湘”用膳

2016 年和女儿青青在广州二沙岛

2016 年与女儿一起看族谱

2016 年与女儿珉珉、外孙女在家中

2016 年 3 月与三个女儿、外孙女合影

2016 年 3 月与女儿、外孙女在暨南园

与女儿的休闲生活

2016 年父亲节在小女儿青青的住处

下编

旅游日记

国外游

瑞　士

（1999 年/2007 年）

1999 年和 2007 年，我先后到瑞士探亲，共在瑞士居住约五个月，游览了瑞士这人间仙境的不少地方，现逐一予以介绍。

苏黎世。瑞士最大的城市，但人口也只有三十多万。这里极少见到高楼大厦，无论是机关学校还是商铺住宅，大多是三至五层的建筑，不少还是百年前的建筑，是古老和现代化融合在一起的城市。女儿一家住在市郊，这里树木郁葱，绿草如茵，环境幽静，空气清新，我们几乎每天都要在一片田园风光中散步。我们也常到市区的苏黎世湖边徜徉，观赏清澈湖水中遨游的天鹅和野鸭。林荫道边有我国昆明市赠给姐妹城市苏黎世的娇小玲珑的“中国园”，引来游人观看。我们也常到市区繁华地带逛逛琳琅满目的商店，一些精品店在出售着价值连城的钟表和珠宝首饰。瑞士两家最大的银行——瑞士联合银行和瑞士信贷银行——紧挨着屹立在这繁华地带。我们还去参观了女婿和女儿攻读博士的苏黎世大学，并就近参观了著名的苏黎世联邦工业大学，据说有多位诺贝尔奖获得者在此学习和工作过，爱因斯坦也曾在此任教。我们曾乘游船在利马河和苏黎世湖遨游，又特意去看了看列宁 1916 年 2 月至 1917 年 2 月在苏黎世居住过的地方。此外，我们还去参观了建于 13 世

1999 年和英琪在瑞士与二女儿一家合影

纪的著名苏黎世大教堂、馥芳（妇女）教堂和圣彼得教堂（该教堂的大钟，针面直径有 9 米，是欧洲最大的钟之一）。

瑞士的首都——伯尔尼。我们重点参观了瑞士联邦议会和政府大厦，该大厦还是很雄伟壮观的，但大厦广场倒显得较狭小（大概也就一千平方米），欢迎外国首脑来访的仪式就在此处举行。我们是周末来到此处的，大厦内无人办公，门都锁着，也不见一个警卫人员，而广场在周末则成为农副产品的集贸市场，由此或可看到这个国家务实和朴实的一面。我们还参观了伯尔尼大教堂，爬了 324 级楼梯，登上教堂的顶端，俯瞰了伯尔尼市的全景。

1999 年与英琪在瑞士伯尔尼

巴塞尔。瑞士著名的化工城市。这里的街道，比我们到过的瑞士其他城市都要宽，建筑也比其他城市要高一两层，街道两旁的树木也较高大，有些街道还有宽约十米的绿化带，街上行人也较多，较为热闹。我们参观了莱茵河的瑞、法、德三国交界处的柱状物标志。此处也是一个港口，左边对岸是德国，右边对岸是法国，来往有桥，亦可乘轮渡，三国边界汇合在莱茵河也是一大奇观。我们还去参观了巴塞尔市政大厅，该厅建于 1504—1516 年，而两边的附属建筑则建于 1900 年，整个外墙是红色的，瓦则由多种颜色组成，正厅顶上有一用金铂贴面的类似天主教堂的塔尖，厅内二楼走廊有几幅创作于 15 世纪的油画。整个建筑从外形、颜色到布局都很有特色，古色古香。这里虽是办公地方，但除官员办公处把门关上不让一般人进入外，其他地方则任由人参观。

1999 年与英琪在瑞士巴塞尔莱茵河边的柱状形瑞、德、法三国交界标志前

1999 年与英琪在瑞士巴塞尔大教堂旁仿罗浮宫建筑前

1999 年与英琪在瑞士巴塞尔街道

1999 年与英琪在瑞士日内瓦

圣加仑。该市最大的景观是由大教堂、修道院和神学院组成的宗教建筑，尤其是大教堂，很是雄伟。我们进入教堂内参观，里面显得异常宽敞、明亮、高耸，可容约一千人在此做礼拜，两旁还设有若干间忏悔室，每室都有挂牌牧师接受信徒忏悔。

日内瓦。位于日内瓦湖畔，湖上有一喷高达 131 米的喷泉直冲云霄，极为壮观，成为日内瓦市的一个标志。瑞士不是联合国的成员国，但联合国却有很多机构设在瑞士，其集中点称为“联合国驻日内瓦办事处”。联合国的很多会议都在此举行，使其成为当今世界上最繁忙的会议中心。联合国驻日内瓦办事处地址在万国宫花园，这里古树参天，环境幽静，宏伟的万国宫大厦屹立其中。在大厦举目眺望，日内瓦城映入眼帘，日内瓦湖光和勃朗山色尽收眼底。我们在导游的带领下，参观了两个国际会议大厅，还参观了一些国家政府送给万国宫的礼品，其中有一件是我国政府赠送的天坛地毯，那祈年殿的正门，无论你从哪个角度看，都是正对着你，真是巧夺天工，令人赞叹不已。万国宫的对面便是国际红十字会总部。

1999 年与英琪在瑞士日内瓦湖喷泉前

1999 年与英琪在瑞士日内瓦花钟前

洛桑。也位于日内瓦湖畔，国际奥委会总部设于此。我们参观了建于依山傍湖处的奥运会博物馆。这里有奥运会历史沿革的介绍、各个年代奥运会比赛用的各种运动器材和各届奥运会颁发的奖牌的展出，还有奥运会金牌得主的影像的播放等等。特别值得一提的是，适逢五千年中国体育文物在此展出，展品精巧别致、琳琅满目，令我们和其他参观者啧啧称奇。

1999 年与英琪在瑞士洛桑国际奥委会纪念馆

1999 年 8 月与英琪在瑞士洛桑奥运博物馆山顶俯瞰日内瓦湖

卢塞恩。位于森林湖畔。这里的湖光山色美丽极了，碧绿的湖水和湖面上的点点白帆，令人赏心悦目。卢塞恩 8 世纪建城，1178 年正式建市。建于 1300 年的水塔和建于 14 世纪的教堂桥（教堂桥全是用木头建成的，像一条长廊）相依为伴，成为该城的标志。我们还参观了建成于 1408 年至今还完整保留有八个塔楼的一段古城墙，墙基不宽，约 1.5 米，但城墙较高，塔楼具有瞭望、射击、报警等功能，由此可看出六百多年前的卢塞恩已是欧洲中世纪具有相当规模的城堡了。卢塞恩的名胜古迹很多，又有美丽的湖光山色，成为瑞士著名的旅游城市，吸引了众多国内外旅游者。

1999 年 8 月与英琪在瑞士卢塞恩湖边喂天鹅

因特拉肯。靠近阿尔卑斯山脉中段，是一座典型的旅游小城。该市只有不长的两三条街道，却有五六间四星级以上的大饭店，商店几乎全是出售旅游纪念品的。市中有一颇大的草坪广场，不时有滑翔爱好者在此徐徐降落。也正是在此处，透过一个山坳，可远眺常年积雪的著名少女峰（海拔 4 158 米）。游人来因特拉肯，主要是为了从此地进山就近观看少女峰和该峰两侧的僧侣峰（海拔 4 099 米）与艾格峰（海拔 3 970 米）。我们花了一个小时逛完市区后，便驱车驶向靠近少女峰的峡谷。这里连绵几十公里的峡谷两侧都是高达五六百米的悬崖峭壁，蔚为壮观。车到达目的地，我们改乘登山缆车到达海拔两千米处的一个旅游小镇，在这里就近观看峡谷对面顶端的前述三个山峰。可能是因为近看，反倒觉得此三峰并不怎么高耸雄伟，验证了“不识庐山真面目，只缘身在此山中”这首诗所揭示的道理。其实，应该是风景这

1999 年与英琪在瑞士因特拉肯观看少女峰

1999 年与英琪在瑞士观赏莱茵瀑布

边独好，让我们清楚地看到了这些神秘山峰的真面目。

莱茵瀑布。位于瑞德边境的沙夫豪森市。我们各花 1 瑞士法郎买了一张门票进入瀑布观察区，对岸便是德国。该瀑布宽约 150 米，落差 30 多米，夏季平均水流量大约是每秒 600 立方米，冬季约每秒 250 立方米，水流湍急，波涛汹涌，拍打起的浪花高达三十多米，如滚滚白烟，甚是壮观。我们站在靠近河谷的低处观赏，波涛从头顶扑面而来，丝丝浪花扑打在脸上，感觉很舒服。这真是大自然给予人类的一种极为美妙、清新的享受。

1999 年在瑞士

1999 年 6 月 25 日与英琪在瑞士

1999 年 7 月 4 日与英琪在瑞士珉珉家

1999 年 8 月 1 日与英琪在瑞士珉珉家

1999 年 8 月与英琪在瑞士二女儿工作室

1999 年与英琪、二女儿珉珉在瑞士

1999 年 8 月与英琪在瑞士巨大松柏前留影

1999 年在瑞士珉珉家

1999 年 8 月与英琪在瑞士珉珉家

1999 年与英琪在瑞士珉珉的车旁

1999 年 8 月与英琪在瑞士集市

1999 年 9 月与英琪从瑞士归来后和小女儿青青合影

2007 年在瑞士李智家做客

以上是我和老伴 1999 年去瑞士时到过的城市和景点。以下则是我 2007 年去瑞士到过的地方：

蒙特勒。位于日内瓦湖东端，是欧洲闻名的休养胜地。这里依山傍湖处建有很多豪华的宾馆饭店，可饱览蒙特勒美丽的湖光山色，特别是这里有座全瑞士最有名的西庸（Chillon）古堡，建在日内瓦湖上的由巨石组成的小半岛上。古堡的围墙建于中世纪，并在13至14世纪间大规模扩建和部分重建。古堡既是一座军事要塞，又是中世纪王公贵族的宅邸，原为锡永主教所有，12世纪后则成为法国萨瓦伯爵的财产。1536年瑞士（伯尔尼人）攻占了古堡。日内瓦的修道院院长博瓦尼因主张日内瓦独立，被铁链锁在古堡地牢的石柱上长达四年之久。1816年，英国诗人拜伦与雪莱同游日内瓦，听到此故事后，拜伦写了长篇叙事诗《西庸的囚徒》，使该古堡更加蜚声西欧。我们走马观花般地逐一参观了古堡内的各个地方，塔楼、楼堡（均有瞭望窗口和枪孔）、院落、教堂、地牢（置有绞刑架）、大厅、卧室（均有很大的古老壁炉）等。蒙特勒还有一座现代化的综合体育馆，是每年举行世界女排精英赛的场地。

韦维。与蒙特勒相邻。这里虽只是一座拥有一万五千人的小城，却是世界上最大的食品（尤以咖啡闻名）制造商——雀巢公司总部的所在地。总部大楼就在日内瓦湖边，在大楼近处竖立了一座卓别林的铜像（他在韦维生活了25年，1977年病逝于此，享年88岁）。韦维还盛产葡萄酒，附近满山遍野都是葡萄园，绵延数十公里。

2007年在瑞士韦维卓别林铜像前

达沃斯。常住人口只有一万多的小城，但每年来此观光旅游的人却高达二百五十万。盖因此地除风光秀丽，冬季是很不错的滑雪场地外，每年还有各国政要

2007 年在瑞士达沃斯

和著名人士来此参加世界经济论坛。我们只是在外面看了看达沃斯会议中心和傍山的别墅式宾馆，然后乘缆车到高山处俯瞰达沃斯全貌，高山处有一建于 1890 年的 Swiss History Hotel，虽已有上百年历史，但维护得很好，像是刚修建似的。

洛迦诺。位于瑞士南部靠近意大利的意语区。从苏黎世驱车去要四个多小时，途中要穿过目前欧洲最长的地下隧道（17 公里）。为过此隧道排队等候了约一个小时。为了保证安全，隧道只设单行线，且车与车之间相隔需在 50 米以上。恰逢这里正在举办颇有名气的洛迦诺国际电影节（全球六大国际电影节之一），在该市格朗广场竖起了一块巨大屏幕，吸引了不少游人。我们乘坐缆车到山顶，俯瞰了洛迦诺的市区和湖光山色（该市在马焦雷湖边），并参观了靠近山顶的一座建于 14 世纪的古色古香的萨索圣母堂。传说圣母曾在此显灵，故数百年来到此朝圣者络绎不绝。我们还驱车沿着马焦雷湖边进入意大利境内二十多公里观光，也算是到过意大利了。

2007 年在瑞士洛迦诺围抱百年大树

2007 年与珉珉在瑞士洛迦诺马焦雷湖边

2007 年与珉珉在瑞士洛迦诺马焦雷湖边

2007 年与女婿、外孙女在瑞士洛迦诺马焦雷湖边

温特图。有九万人，是瑞士第六大城市。该市街道较宽，房屋建筑颇有气势，绿化搞得也较好，温特图保险公司总部大楼耸立于此。我们参观了作为该市标志的双塔大教堂，教堂乐师正在弹奏管风琴。我到过许多教堂，大都有管风琴，只是这次恰好听到了管风琴弹奏，琴声浑厚，悠扬悦耳，可惜教堂内只有我们和另外几个人在欣赏。我们还到老城区的街道逛了逛，有一间表店正在展出不少价值几千甚至上万瑞郎的手表，据说这些也是名牌表，只是因为其产量少且极其昂贵，我在国内从未见过和听过。

马特霍恩峰。海拔4 478米，位于瑞意边境瑞方一侧的采尔马特镇。我们到此观光时，有幸碰上好天气，得以清楚地看到雄伟高耸的著名的三角形石峰的真面目，正是“无限风光在险峰”。采尔马特镇人口约五千，而来此休闲度假和观光者却经常超过该镇人口。该镇完全靠旅店业、饮食业和出售旅游品为生，可见其“无限风光”的吸引力有多大。在驱车返回苏黎世途经 Mattertal 大峡谷时，我看到高山处尚存冰川，一些悬崖绝壁的顶端居然还有居民点，而在谷底则看到不少房屋的屋顶是用当地取材的石片铺盖的。

2007 年与外孙女在瑞士苏黎世湖

2007 年与外孙女在瑞士苏黎世湖

2007 年在瑞士庆祝 78 岁生日

2007 8 31

2007 8 31

2007 8 31

2007 8 31

列支敦士登公国

（1999 年 8 月）

该国面积为 160 平方公里，人口只有 2.8 万人，外交、国防由瑞士统管，虽有国界，但形同虚设。我们便是自由自在地从瑞士驱车来到该国首府瓦杜兹游览的。

到达瓦杜兹后，我们径直驱车到该国大公居住的城堡附近处。该城堡建在悬崖峭壁上，地势很险要，迄今已有七百多年历史，全是用石头堆砌起来的。在这里居高临下，可一览瓦杜兹的市容。从外表看，该城堡似乎多年未曾维修，显得有些破旧，像是一个被废弃的城堡，事实上里面仍旧住着大公一家，是大公的官邸。城堡内的陈设，据说还是很豪华和现代化的，遗憾的是不让游人进入参观，无法一睹“庐山真面目”。

1999 年 8 月与妻英琪、女儿珉珉在列支敦士登公国

1999 年 8 月与英琪在列支敦士登公国瓦杜兹城堡

瓦杜兹市面积不大，街道也不多，行人多是游客，显得安静、祥和。商店多出售旅游纪念品，游客一般都会到这里的邮局购买该国出售的邮票和明信片寄给亲友留念。

德　国

（2007 年 7 月）

2007 年夏，我第二次到瑞士探亲时，在女婿魏青的陪同下，曾到德国的一些地方旅游观光，现分述如下。

一、柏林

7 月 7 日一早，女儿珉珉开车送我们到苏黎世国际机场搭乘 7 时 30 分飞赴柏林的飞机，于 8 时 40 分到达柏林。

在柏林，我们入住已预订好的 Novotel 宾馆。参观了以下景点：

勃兰登堡门。这座有两百多年历史的著名建筑是柏林的象征，门的顶端竖立着一座铜制的雕像——四匹飞驰的骏马拉着一辆双轮战车，战车上站着一位背负双翅的女神（希腊胜利女神维克托里亚），一手执杖，一手拉缰，可谓英姿飒爽。

2007 年在德国柏林勃兰登堡门前

2007 年在德国柏林胜利女神塔前留影

国会大厦。1884 年起建，1894 年竣工。长 137 米，宽 97 米，很雄伟，曾是德意志帝国强大的象征。那天来此参观的人很多，我们排了整整一个小时队才进入大厦，直上用玻璃构造的圆形穹顶部，在这里，柏林市容尽收眼底。20 世纪 50 年代，我曾看过苏联电影《攻克柏林》，有苏联红军把红旗插上国会大厦圆形穹顶（那时似是水泥构造的）的镜头，没想到如今我竟身临其境。

胜利女神塔。塔高 70 米，最初是为庆祝普鲁士于 1864 年在普丹战争中获胜而建的，到 1873 年举行揭幕仪式时，普鲁士又在普奥战争（1866 年）和普法战争（1870 年）中击败了奥地利和法国，给予了雕像新的含义。我一口气攀登了 285 级阶梯到达塔顶，上气不接下气地喘了几分钟才逐渐平静下来，远眺美丽的柏林城，顿觉心旷神怡。

威廉皇帝纪念教堂。该教堂原本颇为雄伟壮观，第二次世界大战时遭到轰炸，教堂顶部剩下残垣断壁，战后并未去修复，而是在其两侧新建了风格迥异的八角形的新教堂和钟楼。

柏林墙旧址。柏林墙出现于美苏冷战时期的 1961 年 8 月 13 日，由水泥墙和铁丝网组成，共 156 公里。1989 年 11 月 9 日柏林墙被迫开放；1990 年 6 月柏林墙被正式拆除。现留作纪念的一段柏林墙，位于查理检查站（Checkpoint Charlie）的原美苏占领区分界线处。该处建有柏林墙纪念馆，在该馆楼顶，我们清楚看到了仍保留的一段柏林墙。在该馆，我们还看了柏林墙修建前拍的纪录片。在查理斯分界线处两侧各竖有美、苏军人的画像，附近还立有一块露出钢筋水泥的柏林墙让人凭吊。

索尼中心。该中心由七栋大楼环抱在一起，中心区宽敞明亮，上有一带褶皱的篷式顶盖，由日本索尼公司出资兴建，该公司欧洲总部设于此。

此外，我们还在外围参观了气势宏伟的柏林大教堂、著名的洪堡大学、柏林市政厅大厦、历次战争阵亡士兵纪念堂和柏林电视塔等。

2007 年在德国柏林威廉皇帝纪念教堂前留影

2007 年在德国柏林议会前留影

在柏林的英国驻德大使馆外，我们发现使馆两端间的马路被封锁，禁止车辆通行，并用一个个水泥路墩挡住，以防自杀汽车炸弹撞入袭击。但我们看到法国、意大利和瑞士使馆则无此类防卫措施。

在柏林，我还慕名来到当日《柏林日报》介绍的中国人在柏林开的太和饭店用晚餐，该报还刊有中国钢琴家郎朗在此饭店用餐的照片，并刊有该饭店老板汤梦凌女士的大幅照片。我们在此用餐时，汤老板还特地来和我们聊了一会儿，她是1997年从北京来柏林接父母的班，看其为人比较厚道朴实。

二、波茨坦

波茨坦是德国东部勃兰登州的首府，在此我们主要参观了两个景点：

无忧宫。该宫及其周围园林是普鲁士国王腓特烈二世时期仿照凡尔赛宫的建筑式样建造的。无忧宫前是平行的方形六级台阶，两侧由翠绿丛林烘托，宫殿前广场有一大喷泉，整个王宫及园林占地面积为90公顷，绿树成荫，环境幽雅。该宫全部建筑工程延续了50年，为德国建筑艺术的精华。

2007 年在德国波茨坦塞西琳霍夫宫留影

波茨坦会议旧址（塞西琳霍夫宫）。1945年7月17日至8月2日，苏、美、英三国首脑在此举行了著名的波茨坦会议，会议发表了促令日本投降的《波茨坦公告》。我们参观了当年的会议旧址（原为一王子的行宫），并在此处购买了一张当年与会的三国首脑斯大林、杜鲁门和丘吉尔在会址前的合影，以资留念。

三、弗赖堡

弗赖堡是位于德国西南部的一座古城。这里有建于 1457 年的德国最古老的著名的弗赖堡大学，我们来到参观时，适逢该大学成立 550 周年，正在举办一些庆祝活动。我们参观了几栋教学楼，在文科楼和理科楼中间一块不大的空地上竖立着一群正在思考问题的学子的雕像。这里的图书馆设备很先进，到处都有电脑和桌椅，便于学生们查询、借阅。我们看到很多学生在分散于走廊和各个角落的桌椅上静心阅读或小声议论。在这所大学内，我们还看到了一些中国留学生。

2007 年在德国弗赖堡大学留影

我们又参观了尖顶高耸的弗赖堡大教堂。教堂既宽又长，面积颇大，可容近千人在此做礼拜。教堂靠近一座古老的城堡，因为是周末，这里成了一个集市，有许多出售工艺品、花卉、果蔬的摊档。附近还有一座建于 15 世纪的省议会厅，如今成为文物保护单位，来此旅游观光的人很多，显得有点拥挤。城区的一些街道都是石头铺成的，这也是古城的一个见证。

四、花岛

花岛位于瑞、德边界德方一侧的康斯坦茨市的博登湖中，只有一座桥与陆地连接。

花岛是名副其实的花的公园，这里有各种各样的花卉在争奇斗妍地开放，可谓千姿百态、万紫千红，令人目不暇接，而来此赏花的游人也络绎不绝。

花岛还是个名副其实的植物园。这里树种繁多、林木参天，两三人才能合抱的大树比比皆是，我还看见一棵要六七人才能合抱的柏树，估计树龄至少在四五百年。这么粗大的树，我在黑龙江完达山的原始森林中也未曾见过，可见这个花岛可能在几百年前就有人管理，使这些参天树木得以完好地保存下来，也使后人得以观赏遮阴。

法 国

(2007 年 8 月)

2007 年 8 月 4 日，在女婿魏青的陪同下，我们搭乘 9 时 30 分由苏黎世飞往巴黎的飞机，于 11 时抵达巴黎戴高乐机场，随即入住已预订的 Novotel 宾馆，开始了巴黎三日之旅，游览了巴黎的许多名胜古迹和旅游景点。现分述如下。

一、凡尔赛宫

该宫位于巴黎市区西南二十多公里处，是法国封建王朝发展到巅峰时期的代表作品，1661 年动土，1688 年主体建筑才完工，而国王路易十四迫不及待地在 1682 年便入住了。

我们从凡尔赛宫正门进入，只见正门和两侧栅栏上都安装有金色纹饰、百合花形的王室标志。我们重点参观了两处地方：一是该宫最奢华的路易十四寝宫（在主楼的正中央，据说路易十四每天起床后和就寝前都要在这里接见朝臣）和王后寝宫。二是该宫最辉煌的镜廊，长 70 多米，靠后花园的一边是 17 座巨大的拱形落地窗，而另一边则对称地镶嵌着 17 面大镜子；走廊顶部悬挂着许多水晶玻璃灯具，点着蜡烛，和

2007 年在凡尔赛宫门前留影

2007 年在凡尔赛宫内留影

两边的落地窗、大镜子互相辉映，富丽堂皇极了！在凡尔赛宫内，可处处感受到法兰西王朝的富贵荣华，从一个房间到另一个房间，到处装饰着各种雕塑、帷幔、油画，还有昂贵的家具。巨幅油画大多描绘路易王朝和拿破仑时代的人物和故事。

凡尔赛宫后花园的景致是极其壮丽的，我们只是从主楼窗户略窥一二，待我们参观完主楼要进入后花园游览时，因为已到闭宫时间而未能进去，很是遗憾。

二、埃菲尔铁塔

埃菲尔铁塔是巴黎最明显的特征，落成于 1889 年，塔高 324 米（包括电视天线），重达一万吨，异常雄伟壮观。我们本想乘电梯到第三层一览巴黎全景，因电梯停开而作罢。

三、罗浮宫

罗浮宫位于塞纳河北岸，位居世界四大博物馆之首。该宫始建于 1204 年，开始主要用于存放王室的档案和珍宝。1385 年左右，查理五世将它改建为王宫。十六世纪被拆除，在原地重建了一座文艺复兴风格的宫殿，其后不断扩建。法国大革命期间，国民议会下令将罗浮宫改为博物馆。拿破仑横扫欧亚非时，网罗了许多战败国的艺术珍品，使罗浮宫成为藏品最多的世界第一大博物馆。

罗浮宫的入口处是华裔建筑大师贝聿铭设计的玻璃金字塔。那天我们去得较早，刚开馆，游人不多。我们先来到“镇馆三宝”之一的精美绝伦的“米洛斯的维纳斯”雕像处参观。维纳斯是古希腊神话中的爱神，该雕像制作于两千多年前，1820 年希腊米洛斯岛上的农民发现了这尊雕像，法国人花重金收买，将雕像运回巴黎献给国王。之后，我们参观了“镇馆三宝”之二的“胜利女神像”。雕像的创作年代至今没有最后定论，大多数意见认为创作于公元前三世纪，是古希腊一位国王为纪念某次海战胜利而建，曾竖立在海边悬崖上，1863 年在爱琴海中的萨莫色雷斯岛上被发现。塑像无首，但从女神张开双翼和奋然前行的体态上，可以想见当年她在海边悬崖上，面对滔天白浪时的飒爽英姿。再后，我们参观了“镇馆三宝”之三达·芬奇的名画“蒙娜丽莎”（又称“乔贡德夫人”，乔贡德是意大利佛罗伦萨侯爵）。由于游人较多，加之该画曾遭窃，现被双层厚玻璃保护着，且在三米之外设有栏杆，游人只能在栏杆外观看，因此看得不是很清楚，颇为遗憾。接着，我们有选择地观看了意大利雕塑家米开朗琪罗创作的《俘虏》（又称《濒死的奴隶》）、西班牙画家朱西普德里贝拉创作的油画《跛脚》和古埃及法老石像等。馆内有名的油画、雕塑比比皆是，就是十天十夜恐怕也难以一一细看，我们只是管中窥豹，走马观花。

2007 年在埃菲尔铁塔前留影

2007 年在罗浮宫内维纳斯雕像前留影

2007 年在罗浮宫玻璃金字塔前留影

2007 年在罗浮宫内留影

2007 年在罗浮宫内留影

四、凯旋门

雄伟的凯旋门，始建于 1806 年，直到 1836 年全部完工。该门高约 50 米，宽约 45 米，我们沿着阶梯到达门顶部的平台，环视了该门辐射的周围 12 条金光大道，巴黎全景尽在眼底。从门顶部下来，我们观看了该门两边的浮雕。左边的浮雕为《1870 年的胜利》（拿破仑的军队战胜奥地利的军队），浮雕中央是众神簇拥的拿破仑，胜利女神在为他加冕。右边的浮雕为《1792 年义勇军出征》（亦称《马赛曲》），描绘 1792 年法国义勇军出征抗击普奥侵略军的情景。

凯旋门前有一无名战士墓，青铜铸成的圆盘中央点着长明火，名为“纪念之火”。该墓是为纪念第一次世界大战时在凡尔登战役中阵亡的法军战士而建的。

2007 年在巴黎凯旋门前留影

2007 年巴黎圣母院前留影

五、巴黎圣母院

巴黎圣母院建于1163年，1345年建成，之后又经过修复，至19世纪中期整修工程方告完成，是哥特式建筑的杰出代表。圣母院的尖顶高90米，两座钟楼高69米。我们进入教堂内参观，只见教堂内殿宇宽阔，穹顶高耸，采光效果很好，出自名家之手的雕塑作品比比皆是。二层有圆花窗，窗上装饰着闻名遐迩的拼花玻璃。教堂内两侧，设有一些忏悔室。

雨果《巴黎圣母院》中卡西莫多和爱斯梅拉达的爱情故事被拍成电影后，这里也给人们留下了深刻的印象。

在巴黎圣母院发生的大事，主要有1430年英皇亨利四世在此举行登基典礼，1944年在此举行了巴黎解放庆典，1970年戴高乐的葬礼亦在此举行，等等。

六、协和广场

2007年在巴黎协和广场埃及方尖碑前留影

协和广场始建于1755年，法国大革命时期曾将原名“路易十五广场”更名为“革命广场”，并成为行刑地，路易十六就是在此广场被送上断头台。1795年再次更名为“协和广场”，沿用至今。

在协和广场竖立有一座著名的古埃及方尖碑。该碑由整块岩石雕成，高23米，重230吨，碑尖镀金，闪闪发光，雕刻四面的象形文字记载着埃及法老拉美西斯二世的业绩，碑座上的图像则描绘了此碑运送、安放过程中的艰难曲折。该碑原为一对，来自底比斯的卢克索尔神庙门前，已有四百多年历史。1831年，埃及总督将其中一座作为礼品送给了路易·菲利甫，1836年运抵法国。

七、荣军院

1670年2月24日，法国国王路易十四颁布诏书，敕令修建一座王家军人医院以收治受伤的官兵，此为荣军院（残废军人医院）的由来。

荣军院建筑颇宏伟，一条护城河（现无水）环绕着整个建筑群。荣军院广场很宽阔，绿色的草坪上，陈列着许多十七八世纪的铜炮。我们还在荣军院圆顶大教堂外面观看了该教堂雄伟的外表及其熠熠生辉的“金冠”。该教堂从1676年动工到1706年落成，是专供路易十四使用的，大教堂正中的地下室是拿破仑墓。

2007年在巴黎丘吉尔铜像前留影

八、大宫和小宫

大宫和小宫是为1900年在巴黎举办万国博览会而建的。在这里，我们瞻仰了丘吉尔和戴高乐的铜像，在丘吉尔铜像座的一块大理石上，刻有丘吉尔1940年在英国国会发表演说中的一句名言“We will never surrender.”（我们将永不屈服）。1998年，英女王伊丽莎白与法国总统希拉克同时为该铜像的落成揭幕。戴高乐铜像则是为纪念戴高乐逝世30周年于2000年落成的。

2007年在巴黎戴高乐铜像前留影

九、夏游宫

夏游宫位于与埃菲尔铁塔隔河相望的塞纳河北岸，是为1937年在巴黎举行的国际艺术技术展而建的，因建在夏游山上而取名为夏游宫。它是一座新古典主义风格的建筑，主体由四个宏伟的大厅组成，长195米的两翼弧形展开，状如一只向塞纳河展翅欲飞的大鹏，前方是一个逐渐下降的广场。

十、香榭丽舍大街

这是巴黎最著名的一条大街，全长1 880米。街两边种有许多高大的梧桐树，两边的人行道也很宽。东段700米的林荫道，仍保留着昔日休闲场所的风貌，西段则是现代化豪华商业区，电影院、夜总会、商场、航空公司、餐厅、咖啡馆鳞次栉比，行人、食客往来如鲫，很是热闹。

2007 年在巴黎巴士底广场留影

十一、巴士底广场

1789 年 7 月 14 日，巴黎人民举行武装起义，攻克巴士底狱，该日后来被定为法国国庆日，该地被称为巴士底广场。我们参观了广场中央竖立的建于1840 年的“七月柱”。这座圆柱是为纪念 1830 年七月革命而建的。这场革命的起因是查理十世王朝压制新闻自由，强制关闭几家报社，在 27、28、29 三天，巴黎爆发革命，王朝因此垮台，后人称之为“光荣的三天”。在这座高约52 米的绿色铜柱的顶端，金色的自由之神展翅欲飞，它的额顶闪耀着金光，一手高擎火炬，一手挽着挣断的锁链。

十二、拉雪兹神甫公墓

拉雪兹神甫是路易十四的忏悔神甫，自家有一座绿树成荫的小山包。1804 年，巴黎市买下这块地方，修建新公墓，如今它已成为巴黎最大的公墓。

我们来到公墓时，风雨交加，两人共撑一把伞，衣服有一部分都被淋湿了。冒着风雨，花了约一刻钟方找到我们想瞻仰的波兰作曲家肖邦的坟墓。这位深爱祖国却客死他乡的作曲家，生前历尽苦难，身后却尽享哀荣。他的墓上雕刻着一位垂首沉思的少女头像，墓前长年鲜花不断，凭吊者络绎不绝，我们在墓前也凭吊了一下。然后，我们又特地来到与公墓围墙连成一体的“公社墙”，凭吊巴黎公社死难者。在很不起眼的灰色水泥墙面上刻着一行鎏金铭文，其意为“致 1871 年 5 月 21 日至 28 日之公社死难者”。几乎每天都有人来献上鲜花，抚慰倒在墙前的 147 个生命。在公社墙附近，立有在第二次世界大战中死于纳粹集中营的犹太人的墓碑和雕塑，其中有一具骷髅一般的人形雕塑。

2007 年在巴黎公社墙前留影

2007 年与女婿魏青在巴黎拉雪兹神甫公墓里的肖邦墓前留影

十三、圣心大教堂

该教堂位于蒙马特高地顶端，1875 年奠基，1919 年落成，其建筑样式在巴黎城中是独一无二的。当时监督修建大教堂的巴黎大主教，坚持把大教堂建在高地顶端，是为了让身处巴黎各个方位的人抬眼就能看到它。我们从高地脚下一步步攀登到高地顶端，到达顶端时已是气喘吁吁。有一位年轻的中国游客从后面超前，先我们到达顶端坐下休息，见我来到便客气地让位与我，并说了句“你的身体真不错”。

圣心大教堂很宏伟壮观，中间的圆塔顶高耸入云，两旁还有一些高低错落、大小不一的圆塔顶，来此观光的游人众多。

十四、加尼埃歌剧院

该歌剧院由建筑师加尼埃设计，落成于 1875 年，融合了各种建筑形式和风格。据说是为拿破仑能安全观看演出而修建的，其马车可直接驶入剧院内。我们在剧场敞开的门前看到了剧场内的富丽堂皇。

十五、拉德方斯区

位于巴黎西郊，是法式“经济开发区”，汇集了世界各大公司和企业。该区众多建筑中最引人注目的是拉德方斯门，又称“大拱门”。据说这座高大的门可容纳整个巴黎圣母院。它不单纯是一座门，而是一座写字楼，有许许多多的办公用房。

此外，我们还从外围参观了创办于 19 世纪的“红磨坊”夜总会（现已成为一综合性娱乐场所，最初的磨坊招牌只剩下四片长长的风车叶）和作为现代艺术馆的蓬皮杜中心。

在法国，除了巴黎，我们曾到德法边界法方一侧的米洛市逛了逛，在古老的 Paul Salon（保尔沙龙）喝咖啡，并品尝了当地特产，还到该市一间规模很大的家乐福购物中心购买了一些物品。

泰国普吉岛

（2011 年 3 月 30 日—4 月 3 日）

2011 年 3 月 30 日至 4 月 3 日，我和学校一些退休教工参加了由南湖国旅组织的泰国普吉岛 5 日休闲游。

3 月 30 日中午，我们一行来到广州白云国际机场，搭乘泰航班机于下午 3 时 35 分起飞，经约三个小时飞行到达曼谷，在机场稍事休息后即转乘去普吉岛的航班，经约一个小时飞行到达。泰航的服务很周到，自始至终为旅客供应各种饮料，让你喝个够，还供应点心餐、晚餐，质量也很不错。到达普吉岛机场，当地导游开来大巴，行驶 40 分钟来到我们居住的 Kalina Hotel。

3 月 31 日，早上在酒店吃完自助餐后，我们驱车前往攀牙湾海上国家公园游览。抵达后，我们搭乘长尾船穿梭于攀牙湾群岛之间，观赏海蚀山林、钟乳石奇景以及有小桂林之称的山水风景。又途经很负盛名的占士邦岛（因 007 电影曾在此拍摄而闻名于世）。之后，我们两人一组乘坐橡皮艇，由专业教练带领前往参观美丽的水晶洞和钟乳石洞，不禁令人赞叹造物者的神奇。中午在攀牙湾水上人家回教村用餐。午饭后，我们继续乘船参观神仙半岛。这里有一座宛如一株白菜的岛屿和奇险的一线天景观。我还在这里观赏了一望无垠的印度洋海景，流连忘返。从攀牙湾到普吉岛绵延数十公里，车辆络绎不绝，繁荣热闹。据说普吉岛是全泰国最富有的地方之一。

2011 年在泰国普吉岛入住酒店

4 月 1 日 8 时，我们到皮皮岛游览。乘坐快艇穿梭于皮皮岛之间，也可说是驰骋于广阔的印度洋。上岛后，我们即在海滩尽情地游泳、潜水。由于是穿着救生衣游潜，很省力，真是“胜似闲庭信步”。海水是如此湛蓝清澈，又有成群的小鱼陪伴我们游泳，非常的舒适，我还是第一次享受这样休闲、轻松、长时间的游泳，确实心旷神怡。在导游的引荐下，我们每人多花了 7 800 泰铢（人民币 90 元）乘坐快艇参加了小皮皮岛环岛游，在蜜月岛、情人沙滩、小峡湾等处观光。

4 月 2 日晨，我原想在酒店游泳池游泳，可是游泳池却未放水，于是与业西夫妇和小蒋到普吉岛街头散步。9 时半，我们前往参观世界最大的金氏纪录珍宝店，泰国是世界红蓝宝石的主产地之一，真是琳琅满目，也算是开了眼界。后又去参观了腰果加工厂、皮革中心和供奉四面佛的海龙寺。午餐后，前往观看人蛇大战，只见表演者举着双手，凭着经验与眼镜蛇等毒蛇交战。下午 5 时许，我们来到普吉岛最大的超市，我花了 1 590 泰铢买了个珍珠鱼皮制成的钱包准备回去送给女儿青青，又花了几千泰铢买了一大堆食品。

在普吉岛整整三天，有如下见闻：

这里的电线杆全是四方形水泥柱，乃因此地蛇很多，是为了防止蛇缠绕电线杆。这里几乎到处可见大小不一的佛塔。这里客货两用车所占比例很大，可以说每家每户均会有一辆。据说这里华人占 60%，在商店购物普通话几乎通行无阻，华人的文化习俗也在这里广泛地传承着。这里盛产菠萝和西瓜，我们每顿饭最后上的水果均是这两样。这里流行收小费，在我们住的酒店，每日要交 20 泰铢小费，导游每日要收 40 泰铢小费。

4 月 3 日晨，我和业西夫妇与小蒋到酒店附近一个颇大的公园散步，这里有一喷泉，喷高约 50 米。9 时半，我们驱车到机场乘机飞回曼谷，在曼谷机场停留约一个半小时，于下午 3 时许乘机飞往广州，于晚上 8 时 15 分到达，由此也就结束了泰国普吉岛之旅。

2011 年在泰国攀牙湾海上国家公园

韩　国

（2011 年 7 月 2—6 日）

2011 年 7 月 2 日至 6 日，以我校退休教工为主体的一行人，参加了旅行社组织实施的韩国五日游。

7 月 2 日下午，我们在广州白云国际机场集中乘坐南航飞机，经三个半小时飞行，于晚 8 时许到达韩国首尔仁川国际机场，当地导游来接机，随即驱车进市区入住格木桥酒店，条件一般，但很干净。

7 月 3 日晨，在一家酒楼吃自助餐。餐后，我们驱车前往韩国总统府青瓦台景福宫参观。该宫是朝鲜半岛规模最大、最古老的宫殿之一，具有 500 年的历史，深受中国儒教文化的影响（像中国故宫），也有勤政殿、思政殿等建筑，当然规模远不如中国故宫。在此处，我们还远眺了著名的青龙白虎山。后到东大门自由购物，我没去，留在车上休息。12 时许，前往泡菜学校亲手体验韩国国粹泡菜的制作。我在此处购买了六公斤泡菜，花了六万韩元，由该店于我们离开首尔回国时直送机场，服务很周到。购买泡菜时，我不慎把装有护照和钱的一个小挂袋丢在该处，直到车离开该处五分钟后方发现，乃急告导游，经导游电话联系证实后，即回去拿。这里的确要好好感谢导游金千淑。人老了，容易丢三落四，但我也应好好吸取教训。中午，我们在一家酒店吃全鸡汤面，颇为可口。午饭后，我们驱车到机场，乘下午 5 时许到济州的飞机，飞行约一小时到达，入住济州太阳海滨酒店。晚餐吃的是海鲜火锅，别有一番滋味。

7 月 4 日晨，在住宿酒店吃自助餐。餐后，我们驱车到济州岛东部海岸的火山之一城山日出峰。这里到处有火山喷发后留下的黑色熔岩，可谓名副其实的黑石礁。然后再到城邑民俗村参观。这里的原住民解说员用流利的汉语向我们介绍了许多有趣的民俗。又看了吃蛇长大的黑毛猪，午餐我们就品尝了这种猪肉，颇为可口。在这里我还买了两瓶五味子汁。接着，到位于东海岸的涉地可支，这里浩瀚的大海与白色的灯塔组成两幅绝妙美丽的画面。之后，到泰迪熊博物馆参观（主要是供儿童参观的），我买了个带玩具的发卡准备送给外孙女宁欧。午饭后，我们到波涛澎湃的海岸边参观由汉拿山火山口

2011 年在韩国济州岛

喷发的熔岩在海上凝结而成的龙头岩。继而又去观看了在爱丁堡国际音乐戏剧节中一炮而红的《乱打》节目，道具是锅碗瓢盆等厨具，颇有特色。晚饭后，我们去类似桑拿浴的汗蒸房汗蒸。

7 月 5 日 8 时许，我们从济州乘飞机飞往首尔。抵达后，按旅行社行程安排到护肝宝专卖点、化妆品公司、人参专卖公司和免税店参观购物。午后，驱车到三八线一带参观。这里由铁丝网围住，两边各划出一段非军事区。我们还特地去参观了统一展望台。在这里可清楚地看到一江之隔的朝鲜村庄，又观看了为统一而努力的录像和为统一做出很多努力的曹晚植先生铜像。后到首尔清溪川广场和光华门广场参观。这里是首尔的繁华地带，有一些大商场和高级酒店，并竖立着韩文创造者和李舜臣将军的塑像。

2011 年在三八线韩国一侧

7 月 6 日，早餐后，我到韩国土特产店购买了不少食品打包托运。随即到仁川机场搭乘于 9 时许起飞的南航班机，至下午 1 时许到达广州白云国际机场，即给青青打电话，叫她到岗顶地铁站出口来接我。回到家，我好好地洗了个澡，又好好地睡了一觉，旅途疲劳顿时消失。

五天韩国之旅，给我留下较深的印象，一是韩国是一个很干净的国家；二是韩国是一个很注重礼仪信用的国家；三是许多地方（包括商场、旅游景点等）都有汉字说明或注解，很多人都会讲汉语。

2011 年在韩国首尔青瓦台景福宫前合影

越南、柬埔寨

（2013 年 12 月 18—23 日）

2013 年 12 月 18 日至 23 日，我们暨大离退休教工一行 19 人参加由广之旅旅行社组织实施的越南、柬埔寨安心游。

18 日上午 10 时，我们乘地铁到机场候机厅，于午后 1 时搭乘波音 737 客机，经约两个半小时飞行抵达胡志明市，随即参观几年前我们曾游览过的红教堂、百年邮局、市政厅、歌剧院（都是外观）这些景点，旧地重游，缺乏新鲜感。晚餐设在西贡河畔豪华邮轮上，一面品尝越式烤乳猪特色餐，一面欣赏歌舞表演，尽情享受异国的悠闲夜晚。游览完毕，入住酒店。

19 日晨，在酒店吃自助早餐，品种颇为丰富，味道也不错。早餐后参观总统府，上次来过，这次参观较仔细，几乎逐层参观了每一个房间，还有地下通道。然后，我们乘独木舟畅游湄公河，又登岛参观当地的养蜂场，品尝了该场生产的蜂蜜。午餐则在游轮上享用湄公河油泡象鱼风味餐，品尝越南风味菜肴。餐后驱车返回胡志明市。回到酒店，因电视均是越南语，我听不懂，很早就睡觉了。在胡志明市发现这里有三多，一是摩托车多，特别是上下班时间，如同千军万马，浩浩荡荡，蔚为壮观。由此公交车也就比较少，颇难看到。二是咖啡店多。三是日产丰田车多，占车辆总数的八九成。

在柬埔寨西哈努克王宫

20 日晨，在酒店吃自助餐。餐毕，驱车经越柬边境前往柬埔寨首都金边市，经约六个小时车程到达。我们首先参观了金边的著名城市标志——独立纪念碑，接着参观皇宫，真是豪华富贵，价值连城的金银珠宝均有展出。之后，搭乘渡轮畅游湄公河与洞萨里湖的汇集处，又前往金边的最高点——落仔山参观。晚餐在中国餐厅用。途中当地导游为我们较详细地介绍了红色高棉主政期间的残暴统治。金边有一半人口遭屠杀（多为知识分子），还有更多人被迫迁徙到边远地区过着军事化生活。

21 日晨，在酒店吃自助早餐，餐毕，我们驱车从金边前往世界奇迹之一的吴哥窟。车程约六个小时，都是驰骋在一大片一望无垠的大平原上，沿途两边有很多高脚屋，据传是为了防水灾，是这一带的特色。

22 日晨，在酒店吃自助餐。餐毕，我们驱车前往大吴多。这里曾是真腊王国吴多王朝的首都。下午参观小吴多，是吴多古迹中最大且保存得最好的建筑。整个石窟有佛像、莲花及其他人物一千八百多件，是东南亚的主要佛教圣地，它与中国的长城、印度尼西亚的婆罗浮屠、印度的泰姬陵被称为东方的四大奇迹。同行者都去攀登尖塔，我因体力原因没去，而是坐在下面休息等候，足足等了一个小时，导游小梁才来接我回去。晚餐回到市区一酒店吃风味自助餐，并观赏高棉舞蹈表演。

23 日，早餐后我们去参观吴多艺术文化学院。上午 10 时办理退房手续，然后到酒店用午餐。餐毕，我们到吴多老市场自由活动，我买了当地产的芒果干、西红柿干等食品。此前还在越南买了不少当地土特产食品，下午 4 时，我们前往机场搭乘南航班机于晚 10 时许到达广州，女儿青青开车来机场接我们回家。到家已是 11 时许，从而结束了越南、柬埔寨游。

在柬埔寨吴哥窟

国内游

三次返乡行

（1994 年/1996 年/2013 年）

第一次返乡，是回福建老家扫墓。

1994 年 2 月 19 日，我从广州乘飞机到福州看望二哥耀崇一家和大嫂慧文、侄儿仁超一家，也算是大家庭的一次小团聚。在福州期间，志超侄（耀崇哥之子）曾领我到一新建公园游览了一下，只一个多小时便把整个公园逛了一遍。22 日，我和耀崇哥、仁超侄驱车回永定老家。途经福清、莆田，一片繁荣兴旺的场面映入眼帘。在泉州，我们下车游览了华侨大学，后因司机迷路，走了一大段弯路，直到次日凌晨才到达下洋镇，在光华宾馆睡了一会。约 11 时，车开到磜头，兰英姊与众外甥夫妇已在此迎候我们。下午 2 时许，我们去拜祭父母墓（对仁超来说是第一次回老家、第一次拜祭祖父母），感触很多，为自己未能在他们生前尽到孝心而深感内疚。拜祭完下山，陪同我们返乡的堂弟耀邦，领我们到下磜头去看新建的光华小学，又逐家逐户走访，认识的乡亲已很少了。24 日一早，我们去看望了上磜头的一些乡亲。9 时，我们到达倒湖岗拜祭祖父母墓，我已有五十多年未拜祭过祖父母，走这段路，不断勾起童年的回忆。祖父墓保护得相当好，仍感到气势宏伟，环境很好，这和此处较为偏僻、人烟稀少有密切关系。祖母墓离得很近，已有八十多年了，也保护得不错。下午 2 时，我们告别了磜头，驱车到大埔茶阳。25 日，我们来到大埔县城湖寮，县党史办卓主任陪我们到五虎山庄等处参观。五虎山顶已被削为平地，正在建一些别墅，此处环境优美、空气清新，不失为一块风水宝地。26 日，耀崇哥和仁超侄驱车返回福州，我则乘长途汽车返回广州，从而结束了这第一次的返乡行。

第二次返乡，主要是参加一年一度的大埔中学初中第三十八届、省立高中第二届的同学聚会。

1996 年 9 月 13 日，我和唐鑫、饶育雄从广州搭乘到大埔的夜班长途汽车，于次日凌晨抵达大埔县城湖寮。县人大常委会吴主任开来面包车接我们，并领我们参观了虎山公园、建筑陶瓷厂、老街和田家炳体育中心。站在虎山

1994 年到福州看望二哥、大嫂

1994 年与二哥、耀邦、仁超在家乡光华小学天台上

公园顶部眺望，县城风光尽呈眼前。这几年县城发展得很快，而新建的田家炳体育中心规模之大、装修之讲究，恐怕在全国县城中也是少有的。参观完后，由于在永定的同学聚会还要等几天，我们便各自投亲靠友，我去了茶阳看望兰英姊。

9 月 15 日，我和兰英姊从茶阳搭乘摩托车到磜头。看到被八月一场洪水冲塌的故居振华楼的惨状，我不禁潸然泪下。是晚住在外甥女淑贞新盖的房子里。16 日上午，我们去拜祭了父母墓，下午告别磜头，回到茶阳。

9 月 17 日，广州和大埔的学友从茶阳乘包车到永定县城，聚会组织者之一的涂祥生已在此迎候我们，领我们住进凤城酒店。是晚，召开同学联谊会预备会议，由祥生介绍活动安排。此次到会者加上学友的配偶，共有七十多位，其中来自台湾的有四位，来自北京、广州、深圳等城市的有十几位，可谓盛况空前。会上，我见到了五十多年未见的一些同学，如张姜基大姐等。

9 月 18 日上午，我们乘车到湖坑乡洪川村参观著名的振成楼（是土楼代表，其模型曾与北京的天坛、雍和宫模型一道于 1985 年在美国洛杉矶国际建筑模型展览会展出），受到特地从北京赶来与会的楼主、中国人民大学教授林尚忻学友的热情接待。随后又到古竹乡高头村参观被誉为“圆楼王”的承启楼，此楼被收入《中国名胜词典》，1986 年国家邮电部发行的“中国民居”邮票中，该楼被选为邮票图案之一。这两座名楼曾出了两位名人——振成楼出了中科院院士林尚安，承启楼出了科学家兼作家江静波。中午，特地从台湾回来与会的李基逊学友在其家中（离振成楼不远）盛情宴请我们，家乡风味的菜肴堆满一桌，可谓无比丰盛又异常可口。下午，我们到奥杳的楼下村参观了李氏宗祠。晚餐由特地从台湾回来与会的卢昌群学友在其家乡陈东坑宴请，菜肴同样丰盛而可口。

1996 年参观永定土楼振成楼

9 月 19 日上午，我们先是参观位于城北的永定门和象征凤凰腾飞的城标

20 世纪 90 年代和大埔中学老同学合影

（永定又称凤城），继而到金砂乡的金谷寺参观全国人大常委会副委员长张鼎丞同志的纪念馆。中午，县政协主席谢耀邦出面在北门山宾馆餐厅隆重热情地宴请我们。是晚参加联欢晚会，许多学友表演了节目，我先是被晚会主持者祥生点名讲话，继又被点名唱歌，我只得唱了首英文歌《雪绒花》。岂知唱完获得大家高度赞扬，特别是祥生和来自台湾的罗海贤学友夫人李慕如教授对我的歌喉大加赞美，要求再唱一首中文歌，怎奈我没有一首歌词能记全，于是祥生递来《再会吧，香港！》歌谱叫我唱。这首歌很长，我唱了一半便结束，以免耽误后面的节目。

9 月 20 日散会，我们各奔归途。这里，我要衷心感谢这次同学聚会组织者们热情周到的服务和一些学友的盛情赞助，也要衷心感谢永定县领导的热情接待，使我们这次难得的同学聚会得以画上圆满的句号。谢谢了！

第三次返乡是 2013 年 2 月 16 日至 19 日，我和青青回家乡扫墓。

2 月 16 日上午 9 时，由青青驾车三个多小时到达河源。青青的一个学员在进入河源的路口迎接我们，随后到一饭店吃午餐。餐毕，继续前往，青青的同学也在进入梅县的路口迎接我们。随即前往一客家饭店吃晚饭，点的都是客家菜，有酿豆腐、开锅肉丸和一般年初七人日才有的七合菜。

2 月 17 日早晨，我和青青到酒店附近一小吃店吃早餐，我们各要了一碗捞面和一碗三鲜汤，味道非常好，共花了 18 元，真是太便宜了。9 时，我们沿梅江河驱车到三河坝，德垣的大儿子驱车来接我们，沿韩江而上来到茶阳兰英姊处，德垣、德健、慧玲等外甥已在等候我们。17 年后，我又回到了茶阳，茶阳已发生了巨大变化，我都认不出来了。兰英姊已备好丰盛的午餐，大都是茶阳特色菜肴，让我吃到了小时候爱吃的那些菜，真是大饱口福。午饭后，青青想看永定土楼，于是驱车到洪坑参观振成楼。我曾来此参观过，如今这里发生了很大变化，楼的周围建起了景区服务区，范围大大扩大了，商业气息也很浓，让游客不得不走颇长的路来参观，我有些怨言，因为过去是一目了然，几分钟就可窥全貌，现在则要花上几十分钟。参观完振成楼，我们回到下洋，特地去品尝我小时候很爱吃的下洋特产牛肉兜汤。遗憾的是似乎不太正宗，缺乏原有的风味。尝完牛肉兜汤，我们驱车回到茶阳。兰英姊已备好丰盛的晚餐，其中有著名的茶阳小吃笋粄和算盘子，有些遗憾的是也有点不够正宗。是晚，入住嘉兴宾馆。

2 月 18 日一早，惠玲就来到宾馆，带我们到街上一小吃店吃了一碗捞面。然后到兰英姊处集合，于 8 时驱车直奔磜头。淑珍已在此等候我们。随即，我在德垣的大儿子的陪护下，爬着崎岖的山路，气喘吁吁地走了约半个小时到达了父母的墓地。上次来祭墓是在 1996 年，转瞬间已过了 17 年。拜祭完父母墓，和邦弟、阿庆等一行共 19 人到祖父母墓地拜祭。青青是第一次回故乡，显得有些激动，对她来说也是一次寻根之旅。祭完墓回到阿庆家吃午饭，菜肴很丰盛，因我已有饱腹感而缺乏食欲，没有吃多少。饭后，邦弟领我们去看了已倒塌的振华楼，依然是断垣残壁。我们又到承德楼、祠堂和联超的住处看了看，耀汤闻讯特地来看望我。12 时许，告别磜头，驱车到中川，在邦弟的指引下参观了虎豹别墅和胡文虎纪念馆。参观毕，邦弟径自回厦门，我们则回茶阳，在兰英姊处歇了一会儿，我和青青告别诸亲人，驱车约两个小时回到梅县。

2013 年在永定县中川虎豹别墅

2 月 19 日 9 时，我们在酒店附近一小吃店吃早餐，还是每人一碗面和一碗三鲜汤，两人共花了 12 元。10 时，我们从梅县驱车出发到河源市。青青的几位同学在河源路口等候我们，一起去饭店吃午饭，谢谢他们了。餐毕，我们驱车回广州，于下午 4 时许抵达，结束了四天的返乡扫墓之旅。

西安、洛阳、郑州、开封

（1994 年 10 月）

1994 年 10 月，我和妻子参加了旅行社组织的西安、洛阳、嵩山少林寺、郑州、开封等地的旅游观光活动。

在西安，我们参观了被称为“世界第八大奇迹”的秦兵马俑，这些与真人真马同样大小的兵马俑，栩栩如生，神情各异，真是巧夺天工，令人叹为观止。又去参观了临潼华清池，在周、秦、汉时，此处就是以温泉闻名的皇家园林；后来唐玄宗在此大兴土木，更名为华清宫，每年 10 月到次年春，他和杨贵妃在此过冬，白居易的诗句“春寒赐浴华清池，清泉水滑洗凝脂”，便是讲的此事。华清池还是 1936 年 12 月张学良、杨虎城将军对蒋介石发动兵谏，要求抗日的发生地，被称作“西安事变旧址”，我们还参观了蒋当时的住处五间厅。再去看了看大雁塔，该塔是唐高宗为怀念母亲文德皇后而建的，唐僧西天取经回来便住在此处，完成了大量佛经的翻译工作。又去参观了全国最大的石质文库——碑林，其中有令人叹为观止的六十多万字的十三经石刻碑，还有王羲之、柳公权、颜真卿等书法家的真迹。

在洛阳，我们参观了位于城南 13 公里处的龙门石窟。它是佛教石刻艺术的宝库，与大同云冈石窟、敦煌莫高窟齐名。据说开凿时间长达五百多年，有摩崖三佛、万佛洞等。遗憾的是参观那天风雨交加、雾气重重，只能有选择地匆匆观看一下。又去参观了相传是关羽首级埋葬地的关林。还到位于城东南 12 公里处的白马寺参观，该寺创建于东汉，是佛教传入中国后的第一间官办寺院，是我国佛教的发源地，被称为“释源”和“祖庭”，因佛经是用白马驮回，故名白马寺。

在嵩山，我们参观了少林寺。它建于北魏，是佛教禅宗的发源地，达摩面壁九年的达摩洞即在该寺后面的玉乳峰。在参观立雪寺时，导游给我们讲了一个故事。相传侍候达摩多年的一个小和尚，希望达摩能传道于他。达摩亦有意收一位心诚的弟子，就说若要传道于他，除非天下红雪，小和尚听后随即用刀断臂，血流在雪上成为红雪。达摩见其心诚，遂决定收他为徒。这就是立雪寺的由来。

在郑州，我们参观了黄河游览区，乘坐气垫船到由淤泥沙堆积成的河心岛上，参看了楚河汉界和桃花峪——黄河中下游的分界线。

在开封，我们先参观了在北宋皇宫遗址上由清代建造的侍奉清太祖神牌的龙亭。继而又参观了大相国寺，有一座用整棵白果树雕刻而成的千手千眼观音菩萨像，吸引了许多游人前来观看。我们重点参观了包公祠。这里有包公塑像和包公审案的塑像群，还有仿制的龙、虎、狗头三把铡刀和包公戴的长翅帽。据说包公身高只有 165 厘米，群臣谒见皇帝时，包公因身材矮，皇帝常看不到他，有些大臣也有意以自己的身体挡住他，使他不能向皇帝面奏贪官污吏的罪行。于是，皇帝赐他这顶长翅帽，并规定谁要是触及这顶长翅帽便斩首，群臣从此对包公敬而远之，而皇帝一眼便可看到包公，召其前来禀奏。

1994 年与英琪及好友方丽君在西安交通大学

华东六市

（1998年四五月）

1998年四五月间，我和妻子以投靠亲友的方式进行了华东六市游。

在上海，我们住在浦东东沟妻弟处。1980年我们南调广州行程中曾在上海逗留了几天，18年后再到上海，上海已发生了巨大的变化，特别是浦东陆家嘴更是完全变了样。这里高楼林立，有“上海华尔街”之称，其中东方明珠电视塔和当时全国最高的金茂大厦尤其引人注目，成为浦东的标志性建筑。外滩则比以前宽阔了许多，陈毅的雕像屹立于此，吸引许多游客前来瞻仰。我们又去观赏了人民广场的夜景。这里的市府大楼并不雄伟，但建在此处体现了人民政府贴近群众，而两旁的博物馆和大剧院则甚有气派。这三座建筑，使人民广场变小了，而群众来这里欣赏夜景、休闲散步的却多了。此外，我们还去参观了雄伟的南浦大桥，乘坐了上海地铁，穿过了黄浦江隧道。

在昆山，我们住在老战友叶平端夫妇家。我们游览了亭林公园（顾亭林，又名顾炎武，昆山人，其名言“天下兴亡，匹夫有责”的碑刻连同其塑像竖立于此），园内有株琼花树，名为“玉峰琼花”。据说全国只有两株这样的树，另一株在扬州，故该树被称为“昆山第一大宝”。我们还参观了昆山市府大楼，楼高21层，寓意奔向二十一世纪。楼前的广场比上海人民广场宽广得多，很有气派。昆山虽不大，却是一座设施现代、生活方便、宜商宜居、台商云集的城市。

1998年在上海与英琪弟弟功麟一家合影

1998 年在上海与英琪的妹妹方芳、弟弟等合影

1998 年在上海与英琪弟弟、小汤夫妇合影

1998 年在昆山与叶平瑞夫妇等合影

老叶还陪同我们参加了“无锡太湖一日游”。先去看了曾为国宾馆的锦园，据说毛主席和西哈努克亲王曾在此下榻。又乘船到太湖仙岛，多是自然景观，也建有玉皇大帝庙。玉皇大帝塑像高达 18 米，堪称全国之最。再到鼋头渚风景区，一片湖光山色，令人心旷神怡。还去了蠡园公园，相传越国大夫范蠡助勾践灭吴后，功成身退，偕西施泛舟五里湖并隐居于此。最后到中央电视台无锡太湖影视城的“三国城”参观，看了“刘备招亲”的演出，游览了“桃园结义”“火烧赤壁”“水寨”等景点。

老叶又陪同我们来到苏州游览并充当向导。我们先来到虎丘山，入大门不远，看到了吴王的试剑石，接着参观了云岩寺塔，它是虎丘山的主要标志，该塔被称为“中国的比萨斜塔”。游完虎丘，我们直奔寒山寺。这是一座因唐朝诗人张继的《枫桥夜泊》诗“姑苏城外寒山寺，夜半钟声到客船”而驰名中外的寺庙。老叶认识寺内的一位工作人员老汪，我们径直入寺找到了他。适逢寺内用午饭，老汪便叫我们一道用餐，并叮嘱我们进入饭堂时要鱼贯而入，不要说话，不能剩饭菜。用餐者是寺内的僧人、工作人员和居士。我们是冒昧而来的客人。大家入座后，双手合十作揖，先由僧人念经五分钟，然后几个僧人手提饭菜盆给大家逐个添饭菜。一声钟响，大家端起饭碗吃饭，整个饭堂很肃静。饭间还有僧人来加添饭菜。约过了十分钟，又一声钟响，大家同时放下饭碗，念经，合十作揖。最后一声钟响，大家便从饭堂鱼贯而出。这是我平生第一次按佛规在寺内同僧人共用午餐，真是难得的体验，长

1998 年在上海与学生汪玲、戴小瑜合影

1998 年在上海与学生汪玲夫妇合影

了见识。之后，我们参观了新建不久的“普明宝塔”，很像日本奈良寺庙的建筑风格，宝塔四周有古今名家用各种字体书写的张继《枫桥夜泊》诗碑。到了那“夜半钟声”的钟楼，我们几人各撞了三下钟。

从寒山寺出来，我们来到沧浪亭，此园林建于北宋，面积约一公顷，园内林竹葱郁、小桥流水、亭台楼阁，令人流连忘返。写到这里，真要好好感谢老叶的陪同。

在南京，我们投靠妻子的中学同学许凤先。在她的陪同下，我们先游览了中山陵。这里的面貌和我 1954 年来时基本未变，旧地重游，只是这回看得更仔细些。又来到“美龄宫”（又称“主席官邸”）参观，这里完整地保留了当年蒋介石、宋美龄的卧室和礼拜堂。再到南京熙园（明代为汉王府花园，清代为两江总督衙署花园），参观了孙中山临时大总统办公室。接着参观了天王府、总统府旧址，仔细察看了洪秀全、蒋介石进出的麒麟门以及蒋介石、李宗仁办公的地方。再来到位于秦淮河畔的南京夫子庙看了看。还游览了莫愁湖公园。最后来到梅园新村，瞻仰了周恩来铜像，参观了中共代表办公原址，其中有周恩来、董必武的卧室与办公室。

在杭州，住在妻子的舅舅、原浙江大学校长杨士林老人家中。妻弟陪同我们参观了灵隐寺（又名云林寺，创建于东晋，距今已有一千六百多年），此处的飞来峰相传来自印度，大雄宝殿内的释迦牟尼塑像高 19.6 米，连座高 24.8 米，很雄伟。我们又到附近的岳王庙看了看，公元 1162 年宋孝宗下诏为岳飞平反，并以礼改葬岳飞遗骸于杭州栖霞岭今址，庙是岳飞墓的附带建筑。后我们还来到西湖旧地重游（1956 年和 1976 年我曾来过此）。这次重游比较从容，我们沿着白堤信步而行，观赏西湖的美丽风光，秋瑾墓、平湖秋月、断桥残雪等景点都留

1998 年与英琪在上海

下了我们的足迹。再到钱塘江边的六和塔游览，相传六和乃一渔民之子，因其父被滔滔江水淹死，其母被滔滔江水卷走，六和乃投石填江，震得龙宫发抖，龙王求饶，让江水平静，六和遂救回其母，从此平安无事，百姓遂建此塔以资纪念。

1998 年与英琪在杭州看望英琪的舅舅

1998 年与英琪在杭州西湖

香　港

（1999 年）

1999 年与英琪在香港中文大学留影

1999 年，我和妻子英琪到瑞士看望女儿珉珉一家，往返经过香港时，得到在港的亲戚张毅敏夫妇的热情接待。

赴瑞经港时，只停留大半天，毅敏领我们主要在九龙尖沙咀一带游览。尖沙咀是九龙的繁华地带，久负盛名的半岛酒店就屹立在弥敦大道。我们参观了新建不久的香港文化中心，欣赏了维多利亚港的美丽景色，遥看对岸港岛很是壮观的鳞次栉比的高楼大厦。

由瑞回国经港时，第一日在毅敏夫妇的导游下，我们先是游览了中环一带的香港华尔街，中银、汇丰、渣打三大银行都挨在一起，李嘉诚的长江实业集团总部也在此处。还就近参观了香港立法会议大厦和终审法院。又从花园道乘缆车登上了太平山顶的凌霄阁，在这里俯瞰了整个港九地区，这个国际金融中心、航运中心、国际大都市、大港口尽收眼底，一览无余。再到湾仔会展中心广场，看到五星红旗和香港紫荆花区旗在迎风招展、高高飘扬，我心潮澎湃、激动无比——香港终于回到祖国的怀抱了！我们仔细参观了香港回归纪念塔和国务院赠送给香港特区的紫荆花大模型。最后匆匆游览了碧波荡漾的浅水湾等一些景点。一天游览这么多景点，真是紧锣密鼓、争分夺秒，全靠毅敏夫妇的精心安排。第二日上午，毅敏陪同我们参观了黄大仙庙，这里香火很旺，来此烧香求签者络绎不绝，可谓人山人海。又去参观了毅敏正在读博士的香港中文大学，这里依山傍海、环境幽静，确实是读书做学问的好地方。下午，我们乘火车回到了广州。

1999 年与英琪在尖沙咀钟楼前留影

黄山、千岛湖、杭州

（2007 年 10 月 8—13 日）

2007 年 10 月，我们暨大离退休教工参加了广东省中国青年旅行社组团的黄山、千岛湖、杭州六日游。

一、黄山

10 月 8 日，我们从广州乘飞机到达黄山市（又称屯溪、徽州），入住美辰大酒店。

翌日早餐后，我们乘旅游大巴前往黄山，途经休宁县，在公路边看见一块写着“中国第一状元县”的标语牌。此处的休宁中学，据说是安徽省的重点中学，出过不少高考状元。中午，车抵黄山风景区，我们乘缆车上山，径直到达 700 米高处。黄山在秦代称黟山（意为山石多为黑色），唐代李隆基时改称黄山（黄帝、黄家人的山，更正规的说法是黄帝在此炼丹，后得道升天，故改名为黄山）。黄山在 1990 年被联合国教科文组织列入“世界文化与自然遗产”目录。

我们先来到凤凰源，这里奇峰秀出，怪石罗列，翠水长流，森林茂密。之后我们来到光明顶，它是黄山第二高峰，海拔 1 860 米。山顶有华东地区海拔最高的黄山气象站。在此处，我们远眺了呈“品”字形的黄山第一高峰莲花峰和天都峰、莲蕊峰。从光明顶我们攀登无数石阶来到著名的飞来石前，石高十余米，重约三百六十吨，根部与山峰似已分离，如从天外飞来，故名“飞来石”。《红楼梦》电视剧片头的顽石，就是以飞来石为背景，化装之后拍摄的。然后，我们又来到排云亭，拾级而上，到达黄山松代表景区，观赏了黑虎松、连理松等名松。这些在石头缝中生长出的黄山松，树枝多朝东南方向横排展开，成为一道靓丽的风景线。

面对黄山数不尽的石阶路段，我每攀登十几级石阶，就得停下来喘喘气，上上下下，真是走得筋疲力尽，个别同伴因爬不动，只好雇请轿夫来抬。我是团里最年长者，仍坚持自己走到底，颇得其他同伴的赞扬，誉为“老当益壮”。是晚，入住山顶的白云宾馆。

10月10日晨5时，我们便起床了，步行半小时，在天蒙蒙亮时来到鳌鱼驮金龟的鳌鱼峰观看日出。据说黄山顶一年只有80天能看到日出，我们是幸运者，终于在6时零5分看到了一轮红日冲破云层冉冉升起的壮丽景观，大家都禁不住欢呼起来。观看完日出，我们回到宾馆用早餐。餐毕，我们又步行到玉屏峰，上坡下坡，真是走得很辛苦。只见玉屏峰上刻有毛泽东为关山月所画黄山图的题字“江山如此多娇”，还刻有徐霞客游黄山的题字“黄山第一处”和一些文人墨客的题字“云海奇观”“奇山怪石”“宇宙大观”等。我们所在观看处叫文殊台。随后，我们来到玉屏峰东部文殊洞顶处，观看黄山景观的标志——著名的迎客松。该松破石而出，形态优美，寿逾千年，为黄山十大名松之首，如好客的主人伸手迎接八方来客，故名迎客松。在迎客松附近，我们还看到送客松。

2007年在黄山迎客松前留影

按原定行程安排，我们要在此处步行十余里下山，为了节省精力和时间，我们自己另掏65元乘缆车下山。下山后，我们乘车游览了黄山市容，途经市府大楼时，见有邓小平游黄山时题写的“打好黄山牌，做好徽文章”的标语。我们还特地参观了具有徽派建筑特色的屯溪宋代老街。该街全长1 272米，其中853米为精华地段，茶楼酒肆和书场墨庄鳞次栉比，匾额旗招，前店后坊，铺面错落有致，商业经营和文化气息有机相融，是全国历史文化保护区，享有“活动着的清明上河图”的盛誉。至此，也就结束了难忘的黄山两日游。

俗话说，“五岳归来不看山，黄山归来不看岳”。意思是说看了黄山，就可以不用再看其他山了，因为黄山可以说是集众多名山精华的缩影。尽管爬山爬得实在很辛苦，我也无怨无悔，更何况我还管中窥豹地见识了徽文化。

二、千岛湖

10 月 11 日 8 时，我们从黄山乘车约一个小时到达浙江淳安县的千岛湖，随即乘船游览了被誉为“天下第一秀水”的千岛湖。该湖是 1959 年我国第一座大型水电站——新安江水电站截流蓄水而成的一个年轻湖泊，总面积约 580 平方公里，比杭州西湖大 108 倍，湖中有 1 078 个岛屿，故名千岛湖。我们登岸观光的有：锁岛（有人工建造的各式各样的大锁供游人赏玩）、奇石岛（展出采自各地的奇石，其中不乏珍品）、真趣园和龙山岛（此处建有海瑞祠，纪念曾任淳安县令的海瑞，另有朱熹讲学处遗迹）。午饭在游船上吃，一边观赏秀丽的湖光山色，一边品尝湖中捞起的美味可口的鲜鱼，真是秀色可餐、有滋有味。

三、杭州

10 月 11 日下午，我们从千岛湖乘车来到杭州龙井，在浙江省军区管辖的一个茶场里品尝地道的龙井茶，并听工作人员讲解有关龙井茶的知识。之后，让大家认购买所需茶叶，我也买了一小盒一级龙井茶，600 元一斤。是晚，我们入住杭州天海宾馆。

10 月 12 日上午，我们先参观了岳王庙，后乘船游览西湖，并登上瀛洲岛游览了一会，然后上岸步行观看三潭印月、花港观鱼，远眺六和塔、钱塘江大桥和前几年才新建的雷峰塔，最后乘车来到万松书院参观。书院两旁竖有泰和书院和敷文书院的牌坊；进入书院是先走求学路到大成殿，再走浪漫路到梁山伯、祝英台的爱情缔结地——梁祝同窗读书处。是日下午，我们从杭州乘火车，于次日回到广州，从而结束了六日游。

佛山、三水

（2007 年 11 月 26—30 日）

2007 年 11 月 26 日至 30 日，学校离退休工作处组织我们一批离休干部参加由羊城之旅国际旅行社组团的佛山、三水休闲游。

26 日一早，我们从学校乘旅游大巴直奔佛山梁园参观。梁园是粤中四大名园之首，被誉为“岭南第一园”，始建于清嘉庆年间，为当地诗书画名家梁蔼如叔侄四人所建的私家园林的总称。进入梁园的门坊很小，但进去后发现规模很大，园内楼台亭阁错落有致，有“山亭”“水亭”“水石亭”等各种形式的亭，还有韵桥、石舫、水榭立于湖水之中。梁园素以湖水萦回、奇石巧布和珍藏历代书法家名帖而著称岭南，的确值得一游。

游完梁园，我们驱车至下榻处——南海蝴蝶谷大酒店。该酒店位于南国桃园香格里拉花园内。这里空气清新，环境幽静，周围有不少别墅，确实是个休闲的好地方。酒店大堂很宽敞，摆有许多椅子、茶几，还备有中、日、英文报纸，供住客小憩和阅览，也说明这里常有一些外国宾客居住。酒店客房设施颇为讲究，唯一严重的疏忽是双人房中只有一张椅子，与四星级酒店的身份太不相称了。由于是休闲游，下午和晚上一般不安排什么活动，而由个人支配。我主要是看报纸、看电视，倒也觉得很自在。

27 日早晨，我们在酒店附近的月亮湖饭庄用早餐。餐毕去参观南海影视城，它是 1996 年中央电视台为拍电视剧《太平天国》而修建的。这里坡缓峦低、层林叠翠，湖光涟漪，山色清新，王宫金碧辉煌、雄伟壮观，水乡古朴典雅、风景如画。几年前我曾来此参观过，这次重来，较多时间是用于观看为游客准备的节目表演。开始的舞蹈节目很一般，随后的太平军与湘军的水战节目比较吸引人，最后的三英战吕布的马战节目更为精彩。看完节目后便在影视城里的“秦淮人家”饭店用午餐，餐罢回酒店休息。

28 日，用完早餐，我们驱车去游览三水森林公园。园内山清水秀，山环水抱，各式仿古建筑点缀于层林叠翠之间，是广东珠三角地区难得的旅游胜地。在这里，我们主要参观了著名的三水大佛（又称卧佛），它以盛唐敦煌卧佛为范本，佛长 108 米，宽 18 米，用了 46 吨青铜来敷贴，甚为壮观。大佛对岸是一座长 60 米的敬佛庙，并建有敬佛亭。参观完大佛，我们入住森林公园内的千叶度假酒店。酒店依山傍水、绿树成荫，风光宜人。酒店房间的设施较蝴蝶谷大酒店齐全，布局也较合理，除配有写字台椅外，还另配有两张椅子和一张圆桌，酒店大堂也比蝴蝶谷大酒店更宽敞，可容近百人在此休憩。美中不足的是，只订有一份《广州日报》供人阅览，这大概也是一个不应有的严重疏忽。下午和晚上都是自由活动，午饭和晚饭则安排在附近的绿湖度假村，菜肴的量较多，吃不完，味道也还可以。

29 日是在酒店吃自助早餐，品种较丰富，我几乎每样都品尝了一点。餐毕，驱车来到三水乐平镇大旗头古村参观，主要是参观清代水师提督郑绍忠（本地人）所建的古建筑群落。其中的郑氏宗祠颇能显示出此地郑氏家族人才辈出的兴旺气象，有任兵部尚书的（慈禧还赐其“寿”字），有在孙中山部任陆军中将的。这些古建筑群建于清光绪年间，集民居、祠堂、家庙、第府、文塔、广场、池塘于一体，并且保存得比较完好。据介绍，大旗头是华南地区现存最具特色的古“锅耳”建筑群，至今仍保存了 250 余间锅耳顶建筑。

参观完古村，我们来到芦苞镇，参观了芦苞（又称香江）祖庙，包括儒教的文昌宫、道教的武当行宫和佛教的普陀宫，这种三宫相连、三教合一的情况，的确很罕见。祖庙始建于南宋，修复于清。在庙顶双龙戏珠处，长有一棵神仙树，只有手指般粗，二三十公分长，几十年不枯不萎不长，故称之为“神仙树”。庙旁还有拜祭佛祖释迦牟尼的华山寺。

30 日早餐后，我们驱车到三水荷花世界参观，它是目前全球规模最大、品种资源最丰富的荷花主题公园之一。只是我们来不逢时，荷花盛开的季节已过。现在只能观赏到为数不多的冬莲，因此游人很少，偌大的荷花世界俨然成为我们一行二十多人的包场。但我并不感到冷冷清清，反倒觉得清静舒适。到此，也就结束了名副其实的五日休闲游。

北京、天津

（2008 年 9 月 21—29 日）

2008 年 9 月 21 日至 29 日，暨大离退休工作处组织我们离休干部共 40 人参加广州和平国际旅行社组织的北京、天津游。

9 月 21 日晚 7 时，我们在学校乘车直奔广州白云机场，搭乘于 9 时 25 分开赴天津的飞机。11 时 53 分到达天津机场，随即有车接我们入住宾馆，此时已是 22 日凌晨 1 时许了。

22 日，我们在宾馆用完早餐后，便乘车到天津滨海开发区游览。在外滩一带，我们欣赏了海河两岸的风光，还远眺了在海河入海处建造的海门桥。海门桥可升可降，以便轮船通过。据介绍，滨海开发区有四大名牌产品：一是摩托罗拉手机，二是长城牌干邑葡萄酒，三是丰田牌轿车，四是康师傅方便面。之后，我们回到市区游览了南市食品街，并在此用午餐，品尝了著名的狗不理包子。随后到古文化街观光，著名的杨柳青年画、泥人张都在此设有专卖店。我们还到通庆里胡同看了看老天津的市容。然后驱车走马观花似的参观了银河广场、大理道、天津博物馆和大礼堂。晚餐后，我们便搭乘具有世界一流水平的京津城际列车前往北京。仅半小时左右，我们便到达北京，随即入住位于王府井附近的赛尔嘉宾馆，结束了这一天的旅程。

23 日，上午的行程是到天安门广场一带游览，我请同行者老邝为我在人民英雄纪念碑、人民大会堂、毛主席纪念馆、中国历史博物馆、天安门城楼以及为庆祝国庆而竖立的特大宫灯前拍照留念。我们只是进入了人民大会堂内参观了一些地方，其他都只是在外面看看。下午，我们在外围观赏了造型如同一个巨大的蚌壳置于水池中的国家大剧院，据说大剧院耗资 31 亿元，内部设有歌剧院、音乐厅、戏剧院，还有一些公共大厅。晚 9 时，贺斌（原八一农垦大学学员、教师，现为工人日报社党委书记、副社长）驱车到宾馆接我欣赏北京平安大街的夜景，这一带有很多政府机关、金融机构和高级宾馆。

24 日，旅行社安排的行程是游览长城居庸关和十三陵，由于我以前去过，乃改为约在京的曾在八一农垦大学待过的一些熟人见面。此前，我已打电话给侯怀英，请她当联络员去约其他同志。上午 10 时，小侯和刘振东驱车来到宾馆，多年不见，今日得以相会，大家都很高兴。随后，小侯开车把我们拉到“又一顺”饭庄，并把饶戈平夫妇、李水清夫妇也请来了。小饶也是多年不见，仍然显得那么年轻健康，并且在事业上甚有成就，曾在《人民日报》发表过权威性文章，又曾给中央领导讲过课，现在是国务院发展研究中心港澳研究所副所长、北京大学国际法研究所所长、北京大学港澳台法律研究中心主任（教授、博士生导师）和全国人大常委会香港基本法委员会委员。我为他的成就感到由衷的高兴。小饶一定要做东招待我，点了很多菜，有北京烤鸭等，还送给我杭州龙井茶叶。饭毕，他有公事先走了，我们则由小侯开车去看望郭蕴韬。我和老郭已有二十多年没见了，没想到他跟随儿女迁居来到了北京，儿女为他在京买了一套房，日子过得蛮好的。随后，小侯又把谢仲权父子和张梦如母子请来相聚。下午5时许，贺斌办完公事来电话，邀我们到一间湘菜馆，由其做东招待我们吃晚饭，这也是八一农垦大学在京人士的一次大团聚（共有12人）。晚饭后，贺斌又开车送我回宾馆。

2008年到北京看望八一农垦大学同事，其中右四为饶戈平

25日上午，我们来到始建于1776年的恭王府参观。恭王府原为大贪官和坤的住宅。和坤这个大贪官富可敌国，皇宫有的珍宝，他有；皇宫没有的珍宝，他也有。他收藏珍宝的仓库有156米长，其居住、办事的地方称“银銮殿”。宅内还有当今仅存的一座用汉白玉建造的门。下午，我们参观了具有历史意义的标志性纪念建筑——中华世纪坛。傍晚，我们登上了中央广播电视塔，俯瞰北京城。

26日上午，游览故宫。20世纪50年代我曾到过故宫参观，那时开放的地方较多，展出的内容也较丰富多彩。而今，开放的地方少了，原来展出的许多珍宝和外国进贡的礼品已见不到了，而皇帝上朝、居住的宫殿，除了皇帝坐的龙椅和睡的龙床外，几乎空空如也——大概都保护收藏起来了吧。不到一个小时，我们便从故宫南门走到了故宫北门，游览完毕。下午，我们先到位于天坛附近的同仁堂参观，实际上是导游带去购物，好收回扣。所谓有“专家教授”来看诊，也就是把一下脉，便说是什么虚、热、寒等症，随即开处方让你去买它的药品。一个团友很迷信同仁堂这老字号牌子，一下买了千余元的药。从同仁堂出来，我们进入天坛内看了看，因天色已晚，约一刻钟便出来了。是晚，我们搬到朝阳区十里河文化街的虹昱铭宾馆居住，这里的设施比之前住的宾馆好些，住得也舒适些。

27日上午，游览圆明园遗址公园。这是我第一次来，因游览时间有限，所以目标很明确，就是直奔被英法联军烧毁的西洋楼的残垣断壁遗迹，目睹帝国主义列强侵华留下的罪证。之后，来到敕建觉生寺，观赏了有“世界之最”美誉的明永乐大钟。该钟高6.75米，重约46吨，钟的外表和内部共刻有22.7万字。在几百年前能铸成这样的大钟，可见当时工艺之先进。该寺还安排了一位玄学者用其三寸不烂之舌向游客讲风水学，最后却“落实”到兜售用玉石制成的貔貅，谓可以避邪、带来吉祥，这种做法使参观大钟寺有些变味。下午，我们参观了首都博物馆，多为北京出土的文物，展品很丰富，可惜只能急匆匆地走马观花。从博物馆出来，我们到位于迎宾国道东大街路的世贸天阶看了看，这里竖有亚洲首座、全球第二大规模的电子梦幻天幕。

2008年在北京圆明园遗址公园

2008 年在北京香山毛泽东住处前

28 日上午，我们参观奥林匹克公园。不巧的是鸟巢和水立方都不开放，我们只能在外围观看，甚为遗憾。下午旅行社未安排活动，小侯开车来宾馆接我到香山游览，小刘夫妇陪同。到了香山，直奔我以前没去过的毛泽东在北平解放时住过的双清别墅。这里依山傍水，风景宜人，环境幽静，并且仍保持原来的陈设。至于香山的其他景点，以前我大都去过，就没再去了。参观完双清别墅，小侯领我们到她位于附近的别墅，这座别墅是她在加拿大的妹妹购买的，建筑面积有五六百平方米，还有个小花园，显得豪华富丽。现在是小侯夫妇俩居住，给人以空荡、冷清之感。小侯前些年下海经商，事业有成，过着富裕舒适的日子。她特地买了一大锅羊肉骨架和几十只大闸蟹招待我，晚餐后又开车把我送回宾馆，真是要好好谢谢她。小侯是我在黑龙江时亲自从垦区农场（她是北京知青，因响应党的号召来到垦区农场）挑选到八一农垦大学工作的，她故此把我比作伯乐，说我对她有知遇之恩。

29 日上午，旅行社安排自由活动。我于昨晚给堂弟耀金打电话，约今日上午见面。一早，耀金便来到宾馆看我，埋怨我来京后直至昨晚才告诉他。由于他的住处离宾馆较远，我 11 时便要和其他团员集结待命，以致来不及到他家看望他的爱人和孩子，这确是颇为遗憾的事。耀金是很讲亲情的，因为我们是同一个祖父，而且现在耀字辈只剩下我和他兄弟几个人。我们在一起聊了两个多小时，内容多是家族内的事。他两个女儿工作都不错，还为他买了套高级住宅，日子过得蛮舒适。到了 11 时，耀金告辞而去。我们在宾馆吃完午饭便直奔机场，搭乘 15 时飞往广州的飞机，于晚 6 时到达白云机场。回到暨大校园已是晚 8 时，青青已在停车处迎候我，还带来做好的晚饭，真是关心备至。至此，也就结束了使我感到收获不少、颇为满意的京津之旅。

澳　门

（2009 年 8 月 13 日）

2009 年 8 月 13 日，我独自参加了由南湖国旅组织的澳门一日游，价格很便宜，才 88 元，还包午晚餐。

晨 6 时许，我到烈士陵园乘坐旅游大巴出发，于 9 时左右到达珠海市拱北，随即办理入关手续进入澳门，这是我第一次踏上回归祖国后的澳门领土，导游已在关口迎候我们。

我们先是乘坐澳门旅游巴士前往见证 1999 年澳门回归祖国的金莲花广场参观。莲花是澳门的区花。广场上竖立的金莲花塔是中央政府送给澳门的。继而我们驱车游览了澳门渔人码头、唐城。之后导游领我们到“老饼家手信店”“风丰珠宝店”购物，以便拿取回扣。其实，导游已收了我们每人 20 元的小费，他还想再多捞一些，这已成为惯例。最后我们来到澳门的地标“大三巴牌坊”（天主之母教堂，又称圣保禄教堂）参观。遗憾的是参观上述景点时，天公不作美，一直在下雨，颇为扫兴。至于其他景点葡京酒店、澳门大桥、赛马会、四面佛等则是沿途坐在车上看了一下。

2009 年在澳门金莲花广场

下午 1 时左右，我们来到新世纪酒店享用自助午餐（自助晚餐也在此酒店），虽然菜肴一般，但对 88 元的一日游来说，已是很值了。

整个下午是自由活动，我和一位同行者老徐主要是在该酒店内赌场参观。参观者众多，赌具各种各样，大多我看不懂，但毕竟是第一次见识了赌场，不枉此行。后来我觉得有些累，加上人生地不熟，就只是在酒店附近转了转。

澳门不愧是著名的赌城，打着娱乐城招牌的赌场比比皆是，使博彩业成为澳门的主要经济支柱。

吃完晚餐，随即过关回到珠海拱北。由于接我们的车要在晚上 7 时以后才能来，我便在附近的地下商场逛了逛，这里商品琳琅满目，顾客众多，热闹非凡。

晚 7 时许，我们乘车返回广州，到家已是 10 时许，也就结束了澳门一日游。

2009 年在广州庆祝 80 岁生日

2009 年，我 80 周岁，二女儿珉珉特意从瑞士飞回来给我祝寿，老战友、老朋友送上的祝福让我难忘。女儿、侄子的关怀让我倍感温暖。

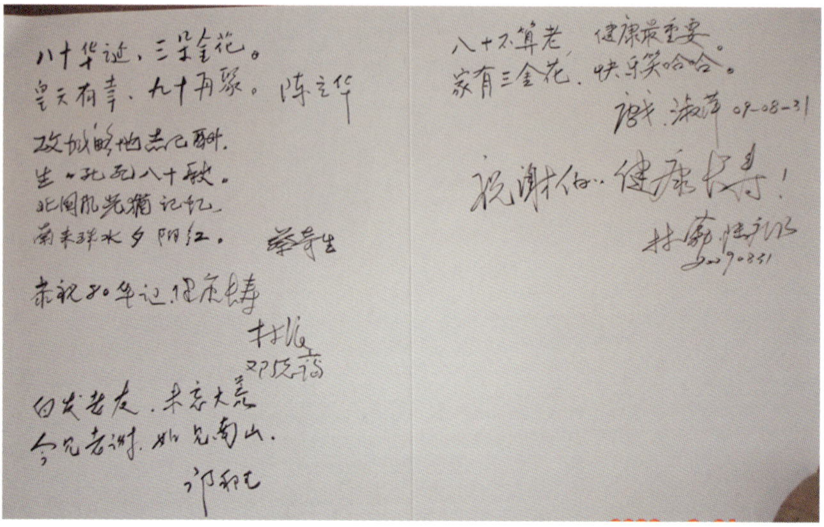

2009 年 80 岁生日老朋友的祝福

2009 年 80 岁生日许愿

2009 年 80 岁生日与三个女儿及侄子志超合影

2009 年 80 岁生日与侄子志超合影

2009 年 80 岁生日与亲朋好友齐聚

2009 年 80 岁生日

南昆山

（2009 年 9 月 21—25 日）

2009 年 9 月 21 日至 25 日，暨大老干处委托国龙旅行社组织我们离休干部一行 30 人到位于龙门县永汉镇的南昆山休闲旅游。

当天 8 时半，我们从学校乘大巴出发，沿途翻山越岭，大部分时间是在南昆山国家森林公园内观赏茂密的森林，尽情呼吸富含负离子的清新空气，真是心旷神怡。10 时半，我们到达入住的柏祥森林度假酒店。酒店设有免费的游泳池和健身房，我和同行的吕先航教授在午休后便到酒店旁边的游泳池游泳（我还是前年去瑞士探亲时游过）。一个游泳池只有我们两个人在畅游，我多采用较省力的仰泳，正是“胜似闲庭信步”。游了 50 分钟方回到酒店用晚餐。晚上在卧房收看了中央台直播的庆祝全国政协成立六十周年的晚会节目。

第二天，早餐后便在酒店附近散步，并和同行的老邸聊了一会，他多才多艺，善于山水画，且多次获奖。他还颇精武术，虽年已八十有五，却老当益壮，而家庭美满，子孙孝顺，晚年享清福，可喜可贺！下午 3 时许，约吕教授一道游泳近一个小时，其间还和他聊了一会，他简要地谈了他的人生经历：从小便参加革命，几经组织送去学习、进修医学，在养生、修身方面很有体会，我从中获益良多。

第三天，上午我们到附近的街道转了转。由于这里是旅游景区，旅店、酒楼林立，除此就是出售南昆山特产的商店，有各种中药材、干菜、蛇、龟、蜈蚣、蝎子等。午饭后，我们乘车约半小时来到荣膺“国家 4A 级景区”的南昆山温泉大观园入住。这里青山绿水，环境十分幽静。我还看到了在城市里难得一见的蜻蜓。稍事休息后，我们乘电瓶车到温泉区泡温泉。这里有 79 个不同疗效的温泉池。我和吕教授仅泡了薄荷、金银花池，又在游泳池特设的区域享受全身水浪按摩。有服务员不时来提供免费饮料，真是五星级的享受，高品位的疗养。这里还设有国际会议中心和别墅区，我想将来它或许能和博鳌论坛一样成为云集国内外贵宾的地方。

第四天，上午我们乘电瓶车在国际会议中心、别墅区一带转了一圈。下午和吕教授去温泉区泡温泉。这次共泡了七个具有不同疗效的温泉池，服务员不时送来饮料以补充因泡温泉而蒸发的水分，真是服务周到。我们还在游泳池享受全身水浪按摩，并在魔球的“兴风作浪”中游了一会泳，时间近两个小时，可谓尽兴了，也是难得的一次全身运动。南昆山温泉大观园的确是一个休闲疗养的好地方，这里运动设施齐全，食宿条件也很好。

第五天，上午因感到有些累，不想到外面走走，于是在卧室收看电视。11 时半，我们退房到酒店对面的一大排档用午餐，设备虽简陋，饭菜却不错，比酒店还好一些。饭后我在附近商店买了些南昆山的特产米饼，之后乘车于下午 4 时回到学校，圆满地结束了南昆山五日休闲游。

台　湾

（2010 年 3 月 21—28 日）

2010 年 3 月 21 日至 28 日，我们暨大离退休教工参加由旅行社组织的祖国宝岛台湾游。

3 月 21 日，我们在广州白云国际机场搭乘南航客机直飞台湾桃园国际机场，随即入住台北北郊的热海饭店，是晚，在饭店附近市场逛了逛。

3 月 22 日，我们参观了阳明山公园风景区的地热硫黄喷泉源头，又到野柳地质公园参观了著名的女王头像，还参观了台北中山纪念馆和蒋介石的士林官邸。是晚，我们去逛士林夜市，这里有许多台湾小吃，吸引了许多游客来此品尝，我也在这里品尝了一杯好久没吃过的牛奶豆沙刨冰，过瘾得很。

3 月 23 日，我们在台中市参观了中台禅寺供奉的释迦牟尼佛像。更多时间是在著名的日月潭遨游。这里竖着刻有“日月潭”和“千秋香旅”的两块巨石，还有蛇石。我们乘船游览了日月潭，那美丽的湖光山色，令人心旷神怡，还在船上品尝了用刚从湖中捞起的鲜鱼做的美食。这里有日本殖民者建的豪宅涵碧楼，与该楼相对的是有“珠潭浮屿”之称的拉鲁岛，被戏称为世界上最小的岛屿。

3 月 24 日，我们进入阿里山，聆听阿里山姑娘甜美的歌声，参观了巨大的香林神木和成片的桧木林，以及奇特的猫形树。我们还游览了姐妹湖。

3 月 25 日，我们来到高雄市，参观了高雄宏伟的地标性建筑和“国

2010 年在台湾阳明山公园风景区女王头像前

2010 年在台湾日月潭

立”中山大学校园，游览了美丽的西子湾风景区，这里有建于 1865 年的前英国领事馆，又去参观了目前台湾地区光力最强的鹅銮鼻灯塔（每秒闪一次）。

3 月 26 日，我们参观了花东海岸线公路上的北回归线纪念塔，见识了水往上流的奇观。随后，又参观了花莲县的太鲁阁公园的燕子口、九曲洞。这里的悬崖峭壁，不时会有碎石落下，游客路过这里必须戴上安全帽。是晚，我们参观了花莲县大理石及玉石展示中心的弥勒佛。

3 月 27 日，我们乘小火车到苏澳新站。随后去参观了台北故宫博物院，这里的展品琳琅满目，千姿百态，美不胜收，特别是目睹了在这里陈列的著名翠玉白菜和肉石，令人叹为观止。是晚，我们入住翡翠湾福华度假酒店。

3 月 28 日清晨，我们散步到翡翠湾观赏濒临太平洋的一望无垠、波涛汹涌的海景。下午，我们到桃园国际机场乘机飞回广州，结束了令人难忘的宝岛之旅。

2010 年在台湾日月潭

2010 年在台湾野柳地质公园

湖　南

（2011 年 5 月 30 日—6 月 4 日）

2011 年 5 月 30 日至 6 月 4 日，我们暨大离退休教工一行 23 人，参加了旅行社组织的湖南六日休闲游。

5 月 30 日上午 8 时 20 分，我们从学校乘坐旅行社大巴直奔南站（第一次来南站，建筑颇宏伟，可同白云机场候机楼媲美），乘高铁（也是第一次）到湖南郴州市。列车经一个多小时运行于 11 时左右到达古城郴州。当地导游来接站，随即进入市区吃午饭。饭后，驱车进入位于资兴市境内的东江湖景区欣赏迷人的山水风光，有雾漫的小东江、猴古山瀑、亚洲第一大坝——东江大坝。又乘船游览面积 160 平方公里、有湘南洞庭之称的东江湖，两侧森林茂密，峡谷内是国内负离子最密集的地区，我尽情地呼吸着异常清新的空气，真是心旷神怡。又上岸到兜率岛国防度假山庄游览，游览了三叠瀑布等景点，于下午 6 时回到郴州，入住天湖宾馆。

5 月 31 日晨，6 时许，我们到住地附近的公园散步，来这里晨练的市民众多，或做操，或跳舞。早餐后，我们乘索道缆车游览被誉为“天下第十八福地”的苏仙岭。这里的一条路铺有各种字体的“福”字砖 500 块，使得郴州又有“福城”的称谓。我们又参观了白鹿洞和“郴州旅舍”。再拾级而上瞻仰了因西安事变被困郴州两月之久的张学良将军的囚禁处——屈将室。午餐后，驱车约两个半小时来到我国五岳之一、有“五岳独秀”之美誉的南岳衡山，参观五岳中规模最大、总体布局最完整的古宫殿寺庙“南岳大庙”。该庙建于唐开元十三年（725），经历 6 次大火，经过扩建和修缮，于光绪八年（1882）形成现在 98 500 平方米的规模。是晚，我们入住衡山电信宾馆。

6 月 1 日，早餐后，我们乘车到国家重点风景名胜区——南岳衡山风景区游览。先是在山脚乘缆车至南天门最高峰——祝融峰，一览众山小，主要参观了圣帝庙和一些道观。下午我们乘车前往长沙，途中有人要我唱歌，我唱了俄文、英文歌曲各一首，博得一致好评，几位内行很欣赏我的音质，过奖了！是夜入住长沙友谊宾馆。

6 月 2 日，早餐后，我们到湖南省博物馆参观。主要参观了于马王堆发掘的三千多件珍贵文物和一具保存完好的女尸。那光亮一新的漆器、华丽柔软的丝绸、浪漫神奇的帛画，留墨飘香的帛书，特别是栩栩如生的千年女尸，的确令人叹为观止。午餐后，本拟参观长沙市湘乡街，因找不到停车点而作罢，乃前往天心阁景区参观。这里有西汉高祖时所建的古城墙。我们还观看了记录抗战时期长沙“大火”全过程的高科技影像。晚餐后，我们游逛了太平街。长沙和我 1976 年来时相比，真是有翻天覆地的变化，市区繁华热闹，高楼大厦林立，不逊于广州。今日的午餐是同行周耀明夫妇的学生请我们，二十几人围在一张特大圆桌会餐，菜肴颇丰盛，谢谢了！

6 月 3 日，早餐后，我们驱车前往岳麓山游览我国古代四大书院之一，也是我国目前保存最完好的、有“千年学府”之誉的岳麓书院（1926 年正式定名为湖南大学），沧桑千年，弦歌不绝。之后，我们来到橘子洲头，瞻仰毛泽东青年雕塑，气势宏伟，蔚为壮观。午餐后，驱车两个多小时，抵达湘北门户的岳阳市，入住曾接待过党和国家领导人的岳阳晓朝宾馆，深感荣幸。

6 月 4 日，早餐后，我们前往江南三大名楼之一的岳阳楼（也是岳阳市的地标）游览，内有范仲淹的《岳阳楼记》的大碑。之后到有洞庭蓬莱仙岛之称的君山参观。这里有许多景点，如柳毅井、飞来钟、二妃墓、湘妃祠、斑竹林等，令人流连忘返。

2011 年在湖南长沙橘子洲头

在湖南张家界武陵源

清远、肇庆、佛山

（2011 年 7 月 23—28 日）

2011 年 7 月 23 日至 28 日，为迎接珉珉回来，青青特地安排了我们全家五人到清远、肇庆、佛山旅游。

7 月 23 日 11 时，我们一行 5 人（我、东东、珉珉、青青和外孙女宁欧）驾车前往清远，于下午 2 时到达，即入住酒店。下午 4 时，我们在酒店的户外游泳池游了一个小时，自然是非常舒适。晚饭后，我们来到酒店对面的北江岸边，燃放了从家里带来的积存的烟花，主要是给宁欧看的。

24 日晨，在酒店餐厅吃自助餐，很丰盛。10 时，我们驱车到黄腾峡，想去漂流，可是漂流处的工作人员却坚持要我们按已购妥的票面上标明的漂流处去漂流，而该漂流处不适合老人和小孩，交涉再三，就是不给灵活变通一下，只好扫兴而归。下午，在酒店游泳池尽兴游了一个小时。

2011 年与女儿、外孙女在肇庆七星岩

25 日 9 时许，我们在酒店吃自助餐至 12 时，离开清远回广州。到达广州后没回家，而是兵分两路，东东和珉珉到天河城购物，我和青青、宁欧去参观广州塔（小蛮腰）。每人花 150 元门票直登塔顶端（坐高速电梯需 1 分半钟），登高眺望，羊城景色尽收眼底。下午 5 时许，我们会合到卡拉 OK 厅吃自助餐至 8 时，然后驱车上白云山，在白云山松涛处观赏羊城夜景，回到家已是 10 时。

26 日午后 2 时许，我们一行五人由青青驾车前往肇庆游玩，于 4 时到达。我们到位于七星湖畔的奥威斯七星会议度假酒店入住。据说该酒店花了七亿美金建造，标榜是皇家气势、帝王享受的七星级酒店。入住后，果然名不虚传，大堂宽阔，金碧辉煌，树有一代天骄成吉思汗的塑像，房间设施一应俱全，很是舒适。我们随即到七星湖，由导游带领乘电瓶车环湖游，历时一个小时，观赏美丽的湖光山色。

27 日晨，我们在酒店享受丰盛的自助餐。稍稍休息后，便到酒店宽畅的游泳池游了一个小时。中午 12 时，我们告别肇庆前往佛山，于下午 3 时许到达。在佛山我们参观了南风古灶和制造陶瓷的工厂，珉珉、青青和宁欧还在师傅的帮助下，亲自动手做了几件陶瓷用具，约一个月后烧制好寄来。

28 日晨，在酒店吃完丰盛的自助餐后，休息了一会儿，我们便驱车返回广州，结束了这难得的休闲游。

巴马长寿乡

（2012 年 10 月 14—17 日）

2012 年 10 月 14 日至 17 日，我们暨大离退休教工 16 人参加广西巴马长寿乡之旅。

14 日晨 3 时许，我便起床了，吃了点早餐便到华师乘 5 点 10 分开往机场的班车以搭乘 7 点 36 分飞往广西南宁的飞机。经过 1 小时 15 分的飞行到达南宁，随即乘大巴于正午 2 时左右到达巴马吃午餐。餐后驱车前往水晶宫游览。该洞 200 米游程中到处都是晶莹剔透、极其罕见的石毛、鹅管、水晶柱和雪绒花。归途鸟瞰高山峡谷景观，并特地停车观赏神秘的巴马长寿乡标志物——命河。回到巴马，我们入住三东大酒店，条件还不错。晚 6 时许，在酒店附近一饭店用晚餐，菜肴丰盛可口。用完晚餐，我们在巴马的中心街道逛街，只见到处都是宾馆酒楼，这正是颇负盛名的旅游城市的标志。

15 日，早餐后，我们驱车前往 4A 级景区盘阳河的核心景点——水波天窗（又名百鸟岩）乘小船游览。这里，洞外绿水青山，洞内水波光影，听摇橹水滴，赏天窗水画，品绿翠水色，醉桃源梦境，真正是回归大自然，令人心旷神怡。巴马长寿村有 500 人，百岁老人就有 7 个，我们去采访了被称为姐妹花的两位老人，身体的确较硬朗。随后，我们乘车游览了巴马附近的东兰县月亮河景区，沿途观赏了观音山、月亮山、象鼻山、骆驼山、天门山和翠竹院影的月亮河佳境。广西农运领袖韦拔群烈士创办的广西农民运动讲习所旧址列宁岩与邓小平和韦拔群农民军会师的魁星楼相连。魁星楼是百色起义后红七军指挥部所在地，有邓小平、张云逸当年的卧室和办公室，我特地登上该楼瞻仰。晚餐是享用巴马长寿宴，以本地产素菜为主，颇为可口。

16 日晨 7 时 30 分，我们从巴马驱车四个多小时回到南宁吃午餐。之后参观以研究和展示广西 12 个世居民族的传统文化为主的展厅。这里有《五彩八桂——广西民族文化陈列》《穿越时空的鼓声——铜鼓文化展》。随后，到土特产店购物，我买了个多功能养生水杯（228 元）和其他一些物品。晚近 7 时，我们乘火车返回广州。

17 日，列车于近 8 时抵达广州火车站，随即打车回家。

汶川、黄龙、九寨沟、乐山、峨眉山

（2012 年 10 月 22—27 日）

2012 年 10 月 22 日至 27 日，我和小陈夫妇参加了旅行社组织的四川几个景区的旅游团。

22 日晨 3 时许，我便起床了，收拾行李、吃早餐，于 4 时 40 分和小陈夫妇到华师粤海酒店乘坐开往机场的头班车（5 点 20 分开出）。在机场和其他团员会合，8 时左右乘南航飞往成都的波音 737 客机于 10 时左右到达最具有慢生活气质的城市。四川作为天府之国，自古生活在这里的人安逸轻松、自我、个性，工作时锐意进取，闲暇时抛下烦恼享受生活。当地导游来接机，随即乘大巴约三个小时到达茂县。沿途欣赏岷江高原风光，途径汶川，沿途都可以看到广东援建的新建筑，一路穿越很多隧道峡谷，观赏藏族、羌族居住的颇具特色的住宅。下午 1 时许，经过汶川大地震首先发生的映秀镇，残垣断壁仍到处可见。下午 3 时许到达茂县，入住兴隆宾馆。由于感到很累，晚 9 时我便上床睡觉了。

23 日，早餐后我们驱车约三个小时到达有“人间瑶池”之称的黄龙景区游览。恰逢下雪，随后又放晴，我不禁吟起“更喜岷山千里雪，三军过后尽开颜”的诗句。沿途有滔滔的碧绿色的岷江水相伴，更有悬崖绝壁的峡谷出现在眼前。我们乘缆车登上黄龙山顶，四周山峰盖着白雪。后步行下山，沿途游览了迎宾彩池、飞瀑流辉、金沙铺地、争艳彩池和五彩池等景点。步行时间近三个小时，我步履维艰，都要走不动了，非常累，小腿肚子很痛，这对我来说是很少见的。回到山底，随即驱车约两个小时，入住酒店。

24 日，游览有“人间仙境”“童话世界”之称的九寨沟风景区。早餐后，我们乘坐景区观光

2012 年到九寨沟旅游

车进入九寨沟游览。观光车很多，穿梭来往于各景点之间，非常快捷，没想到并非节假日，此处仍人山人海、拥挤得很。游客男女老少都有，还有些职业摄影师，几乎所有游客都带有照相机。我们游览了日则沟，参观了《西游记》拍摄地珍珠滩，《自古英雄出少年》的取景址树正海。还先后游览了箭竹海、长海、五彩池、树正瀑布、老事海、犀牛海等风光秀丽的自然景观。秋天的九寨沟漫山红叶，七霞彩卷熠熠生辉，蓝绿色的大大小小的水池清澈见底。总之，九寨沟的美景比比皆是，令人流连忘返，确实为世界所罕见，非常值得一游。当晚，我们到一藏民家做客，品尝了藏族风味小吃（多为牦牛肉），观赏了他们一家的即兴表演，亲身体会到了藏民的热情好客。从藏民家出来，我们到民族大剧院观看了藏族的歌舞表演。有点遗憾的是，由于我的体力有限，有些景点我只得放弃游览。毕竟我已是耄耋老人了，尽管同行者都夸赞我老当益壮，很少见、很难得。

25 日，早餐后，我们从九寨沟驱车回成都。途径“川西门户”松潘，参观松潘古城、汶川“5・12”大地震遗址和沿途村镇新建风貌。汶川也是大禹故里，竖有大禹的巨型塑像。又参观了玉石展览馆，馆里有形形色色的玉石原材料及其制成品，其中不乏价值连城者，还参观了牦牛肉加工厂，又到牦牛肉产品店购物，我花了 300 元买了这些产品并获赠一瓶青稞酒。晚 7 时许，到达成都，入住金星大酒店。本想到成都著名食品一条街品尝成都特色小吃，但因离酒店较远，只得就近到一餐馆吃了碗牛肉削面汤完成任务。后又到国家批准成立的大型藏药市场，我花了 600 元买了些藏药。

26 日，早餐毕，我们驱车约两个小时来到历史名城乐山市。然后乘游船在长江中观赏开凿于唐朝初年的乐山大佛。这是世界第一大佛，非常雄伟壮观。佛像高 71 米，素有“山是一尊佛，佛是一座山”之称。随后我们驱车前往峨眉山，入住酒店，卧房非常宽敞，设施也较完备。这几天，我都是一人独享卧房。

27 日，早餐后，我们乘缆车上峨眉山金顶，观赏巨型佛像。可惜此时云雾缭绕，佛像时隐时现，好不容易在云雾少时拍了几张照片，又参观了万年寺。下午 4 时许，我们下山去双流机场，于晚 9 时许到达。机场鉴于我是高龄乘客，要我签署一份保证书，即若有什么意外，概由本人负责，这是我第一次碰到这种情况，真是“年纪不饶人”呀！这次乘的机型是波音 777，经约两小时的飞行，于晚 10 时许到达广州白云机场。青青特地开车到机场来接我们，回到家已是 12 点，由此也就平安顺利地结束了这次旅行。

西　安

（2013 年 4 月 14—16 日）

2013 年 4 月 14 日至 16 日，东东与珉珉陪我到西安旅游。

4 月 14 日晨 4 时我们便起床了，洗漱后稍微吃了点东西，便到华师乘坐 5 时 15 分开往白云机场的班车。

7 时 55 分，我们搭乘海南航空客机飞往西安，于 10 时 30 分到达西安咸阳机场，随即驱车至市区入住建国饭店，并在饭店用午餐。

下午 3 时许，我们搭乘公交车前往建于明朝的鼓楼和钟楼参观。在鼓楼有一面创吉尼斯纪录的大鼓，蔚为大观。

晚 7 时，我们徜徉于回民街，在这里我特地品尝了西安著名风味小吃羊肉泡馍，并买了些酱牛羊肉带回家。

4 月 15 日，我们参加当地旅行社组织的西安一日游。

8 时 30 分，我们驱车前往参观世界八大奇迹之一的秦兵马俑和位于骊山的秦始皇陵墓。

下午 2 时，我们吃过午餐后随即参观华清池。

以上两处景观，我在 1998 年曾来参观过。如今规模扩大了，增加了不少新开发的景点。

晚上 6 时许回到市区鼓楼。我们又到回民街用晚餐，我特地要了一碗羊杂，吃得非常满意。

参观了一天，也走了一天，颇有举步维艰之感，真是岁月不饶人啊！

4 月 16 日上午 8 时许，我们前往陕西省历史博物馆参观。展出的馆藏文物有 37 万余件，其中商朝的青铜器精美绝伦，历代陶俑千姿百态，汉唐金银器独步中国，唐墓壁画举世无双，被誉为“古都明珠，华厦宝库”。

参观完博物馆，我们来到大雁塔，照了几张相片，并在附近一小吃店吃了碗八宝粥当午餐。

下午 4 时回到饭店，5 时在饭店搭乘到机场的大巴。在机场餐厅，我和珉珉合吃了一份套餐。

晚 9 时许，我们搭乘南航客机飞往广州，于深夜 12 时许抵达，青青已开车来到机场接我们回家，从而圆满地结束了西安之旅。

2013 年与女儿珉珉在西安古城墙前

2013 年在西安秦兵马俑一号坑前

梅　州

（2013 年 10 月 16—18 日）

2013 年 10 月 16 日至 18 日，我应邀参加了由青青领队的广东省委党校举办的越秀区工商局中层干部培训班的梅州之旅，在途中为该班讲解了广东中共党史、叶剑英元帅生平和客家文化。

10 月 16 日上午 9 时 15 分，我们在暨大西门会合，包车前往梅州。上车后不久，我便为该班学员讲解广东中共党史约四十分钟。午饭是在河源吃的，随后继续前往，于下午 3 时到达梅州。随即参观了中国客家博物馆，展品丰富多彩，增长了不少关于客家人的历史、文化、习俗的见识。随后又参观了著名的黄遵宪故居。参观完毕，我们入住招待所。

10 月 17 日上午 9 时，我们驱车前往雁洋镇叶剑英纪念馆参观。在车上我和省委党校的李老师共同介绍了叶帅的光辉一生。到达后，我们在展厅看到了丰富的图片和实物，更详细地了解了叶帅的生平和丰功伟绩，真是令人敬佩。随后参观了叶帅的故居。1982 年我曾来此参观过，如今这里发生了很大的变化，不仅展出面积、内容扩大了，而且增加了很多珍贵的历史文物。

2013 年在梅县叶剑英纪念馆

之后来到雁南飞五星级度假风景区，这里树林郁郁葱葱，空气非常清新，充满了负离子。而雁南飞茶田景区，群山环抱，茶田叠翠，百花盛开，令人赏心悦目。午饭后，我们去参观灵光寺。1982 年我也来过这里，如今已发生了很大变化，商业气氛浓厚了许多。继而，我们驱车来到桥溪古村。这里开村至今已有四百多年历史，我们参观了历时 12

年耗资 12 万大洋修建的著名的继善楼。这座规模庞大的百年古民居依山傍水而建，屋内装饰华美，既有精美绝伦的传统“四大名雕”工艺，又有远自西洋的五彩玻璃等装潢技巧。

10 月 18 日 9 时 30 分，我们驱车返回广州。途中我为该班学员简要介绍了客家文化的概况（有客家山歌、客家饮食文化等），从而也就完成了我的讲解任务。驱车回穗途中，仍是在河源吃的午饭，回到家已是下午 4 时。

东莞松山湖

（2013 年 11 月 26—28 日）

2013 年 11 月 26 日至 28 日，学校离休科组织我们一行四十余人参加由国龙旅行社实施的东莞、松山湖三日休闲游。

26 日上午 8 时 40 分，我们在学校乘车经一个半小时到达松山湖梦幻百花州参观，后又在此处的金山饭庄用午餐，饭菜颇可口。午饭后，我们乘无轨小火车绕湖一周游。途中在人造的阳光沙滩逗留了约一个小时，观赏湖光山色。然后回到东莞市区入住凯景酒店。晚 6 时，我们在酒店附近的酒家享用晚餐，吃得也较满意。

27 日，今天自由活动。早餐在酒店吃自助餐，品种丰富，几乎可说是应有尽有，任君挑选品尝。午餐在市区禄苑酒家，晚餐在涌泉酒家，吃得都很好。我大部分时间都在酒店房间看电视，记得东莞有五星级酒店 22 家，名列全国第三，第一、二名是京沪，广州还在东莞之后，可见东莞的商务活动为其带来的繁荣。

28 日，早晨仍是吃自助餐，几乎每样食品我都品尝了一下，有几十个品种，肉类、果蔬类、饮料类、点心类、主食类，应有尽有，饱餐了一顿。早餐后，与吕先航主任在后花园散步近一个小时，然后回到房间看电视。10 时 30 分办理退房手续，然后在酒店门前集体合影留念。随即便驱车前往城区福苑酒家用午餐，餐毕，到广东四大名园之一的可园参观。该园始建于清朝道光年间，与番禺余荫山房、顺德清晖园、佛山梁园合称广东四大名园。该园建设以小见大，把住宅、客厅、庭院、花莆、书斋糅合在一起，是岭南园林的珍品。可园主人张敬修官至江西按察史，金石诗画，样样精通。可园于 2001 年 6 月被国务院公布为全国重点文物保护单位。参观毕，我们驱车回家，于下午 4 时到达，从而结束了这为期三天的休闲游。

清　远

（2014 年 12 月 1—3 日）

2014 年 12 月 1 日至 3 日，我参加了学校离休科组织、国龙旅行社实施的清远健康疗养之旅。

12 月 1 日 8 时 40 分，我们一行约四十人乘旅游大巴来到花都香草世界观赏盛开的各色各样花卉，并在此处用午餐。

用完午餐，我们驱车约一个多小时来到清远市郊区入住恒大酒店（占地 10 万平方米）。这里群山环绕，环境幽静，空气清新，远离都市的喧嚣，确实是个休闲疗养的好地方。

下午 5 时 30 分，我们驱车到市区的一家酒店用晚餐，品尝清远鸡等美食。

当晚，我舒服地泡了个澡便入睡。

在广东清远飞霞山

12 月 2 日早晨，我到酒店餐厅吃自助早餐，品种还较丰富，味道也颇可口，毕竟是准五星级的餐厅。

9 时，我们在酒店门前集体合影留念。随后乘酒店电瓶车绕酒店一圈参观，周围有不少别墅。

中午，我们驱车到市区游览了松林公园，松树大都有十几年的树龄，长得很挺拔。随后到一饭店用午餐，吃得还可以。

午餐后，我们回酒店睡了个午觉。

下午 5 点半，我们驱车到市区御膳坊酒楼用晚餐，比中午吃得要好。

晚，我在酒店住房收看电视，台湾“九合一”选举国民党惨败后，马英九承担责任，拟辞去党主席职务。

12 月 3 日，晨 7 时许我们到酒店餐厅吃自助餐。

10 点半，我们离开酒店驱车前往农贸市场，有些人在此处买了些清远土特产品带回家。

用餐毕，我们驱车约一个半小时回到学校，结束了这三日的健康疗养之旅，大家都挺满意此行。

惠东巽寮湾
（2015 年 11 月 6—8 日）

2015 年 11 月 6 日至 8 日，我们全家由青青驾车到惠的巽寮湾休养。

6 日 11 时，我们到学校食堂三楼用午餐，我要了一碗酒糟鸡蛋汤和一碗牛腩加些许面条，吃得很饱，感到肚胀，东东给了我一些助消化药服用。随后由青青驾车约三个小时到达酒店入住，这里依山傍海，风景很好。

7 日上午 8 时许，我们到酒店餐厅吃自助餐，之后在海滩漫步嬉水。这里游人不少，有的还下海游泳。

12 时，我们驱车进入巽寮镇，在一海鲜酒家吃午餐。晚 8 时看电视，海峡两岸领导人今日在新加坡进行了历史性的会面，时隔 66 年，受到国内外媒体的深切关注。

8 日，我们驱车约三小时回到了广州。

2015 年和小女儿青青在惠东巽寮湾

2015 年和女儿在惠东巽寮湾

2015 年和三个女儿在惠东巽寮湾

后　记

我的人生历程，也从一个侧面反映了我们国家的历程。

我参加革命后，尽管受到过一些委屈，经历过一些坎坷，但我可以问心无愧地说，这些委屈、坎坷从没动摇过我对党的信任和忠诚，我一直尽心尽力地为党和人民的事业做好本职工作。如果说有些遗憾的话，那就是在党的十一届三中全会前较长期的“左”的指导思想的影响下，我因父亲和家庭成分的问题被错误定性，致使组织和领导虽然赏识我的工作态度和才能，却又不敢加以重用，个人的才能也因此未能得到充分的发展和发挥，也就未能为党和人民的事业作出更多更大的贡献。党的十一届三中全会后，恢复了实事求是的路线，人们心情舒畅、意气风发，个人才能也得以充分发展和发挥，但对我来说，政策虽好，人已老，不免有点“夕阳无限好，只是近黄昏”的感慨。

至于我个人曾经受过的几次不公正的甚至错误的批判，与当时的时代背景有关，不能过多责怪当事者，而我个人则应该很好地吸取在处理人际关系问题上的深刻教训——这就是既要坚持原则，又要小事糊涂；对他人多些宽容，对自己不能患得患失；不能孤芳自赏，更不能自命不凡，而应该十分谦虚谨慎。

在对待事业上，我的一个深刻教训是：做任何事切忌眼高手低、高不成低不就、坐此山望彼山，而应脚踏实地，一步一个脚印，持之以恒，坚忍不拔，否则将一事无成。此外，还要善于抓住机遇。

谢刚生（耀威）

2016 年 6 月